Introduction à la philosophie de l'esprit

Introduction à la philosophie de l'esprit

Michael Esfeld

Bern Studies in the History and Philosophy of Science

Educational materials

Copyright ©2011 Bern Studies in the History and Philosophy of Science,
Universität Bern
Herstellung: Books on Demand, Norderstedt
Editor: Gerd Graßhoff
Co-editors: Kärin Nickelsen, Tilman Sauer, Raphael Scholl
Michael Esfeld:
Introduction à la philosophie de l'esprit / Michael Esfeld. – Bern, 2011.
ISBN 978-3-9523421-8-3

Table des matières

		Avant-propos	5
1		*Corps et esprit : le problème philosophique de leur rapport*	*7*
	1.1	Le thème de la philosophie de l'esprit	7
	1.2	La distinction entre les états mentaux et les états physiques	11
	1.3	Le rapport causal entre les états mentaux et les états physiques	12
	1.4	L'importance des sciences de la nature modernes	14
	1.5	Le problème de la philosophie de l'esprit	15
	1.6	Résumé	18
	1.7	Suggestions de lecture	19
	1.8	Questions de contrôle	19
	1.9	Proposition de travail	20
2		*Le dualisme interactionniste*	*21*
	2.1	L'argument de Descartes en faveur du dualisme des substances	21
	2.2	L'interaction psychophysique	25
	2.3	Résumé	30
	2.4	Suggestions de lecture	30
	2.5	Questions de contrôle	30
	2.6	Propositions de travail	31
3		*Le dualisme sans interaction*	*33*
	3.1	Le parallélisme psychophysique (Spinoza et Leibniz)	33
	3.2	Les objections contre le parallélisme	34
	3.3	L'épiphénoménisme	35
	3.4	La surdétermination	37
	3.5	Résumé	38

	3.6	Suggestions de lecture	39
	3.7	Questions de contrôle	39
	3.8	Propositions de travail	39

4 *La survenance psychophysique* — *41*

4.1	Le point de départ de la discussion actuelle	41
4.2	La survenance psychophysique globale	43
4.3	La survenance psychophysique locale	46
4.4	L'argument en faveur de l'identité psychophysique	49
4.5	Résumé	51
4.6	Suggestions de lecture	52
4.7	Questions de contrôle	52
4.8	Propositions de travail	52

5 *La théorie de l'identité psychophysique* — *55*

5.1	Le physicalisme sémantique : le behaviourisme logique	55
5.2	L'objection contre le physicalisme sémantique	59
5.3	L'identité des types suivant le modèle scientifique	60
5.4	L'objection de la réalisation multiple et l'identité des occurrences	62
5.5	Résumé	65
5.6	Suggestions de lecture	66
5.7	Questions de contrôle	66
5.8	Propositions de travail	67

6 *Le paradigme fonctionnaliste* — *69*

6.1	L'idée du fonctionnalisme	69
6.2	La théorie computationnelle de l'esprit	73
6.3	Le fonctionnalisme biologique	74
6.4	La chambre chinoise de Searle	76
6.5	Résumé	77
6.6	Suggestions de lecture	78
6.7	Questions de contrôle	78
6.8	Propositions de travail	79

7 *Le fonctionnalisme et le réductionnisme* — *81*

7.1	La réponse au problème de la causalité mentale	81
7.2	Le fonctionnalisme non réductionniste	83

7.3	La version réductionniste du fonctionnalisme	86
7.4	Le réductionnisme conservatif	89
7.5	Le physicalisme a priori et le physicalisme a posteriori	92
7.6	Résumé	94
7.7	Suggestions de lecture	94
7.8	Questions de contrôle	95
7.9	Propositions de travail	96

8 *Le libre arbitre* 97

8.1	La liberté d'action	97
8.2	La volonté libre : le libertarianisme	98
8.3	La volonté libre : le compatibilisme	101
8.4	Résumé	105
8.5	Suggestions de lecture	106
8.6	Questions de contrôle	106
8.7	Propositions de travail	106

9 *Le défi de l'expérience vécue* 109

9.1	L'argument de perspective spécifique et l'argument du savoir	109
9.2	Les arguments des qualia inversés et des qualia absents	111
9.3	Les connaissances physiques et les connaissances phénoménales	113
9.4	Les états phénoménaux comme des états intentionnels	117
9.5	Résumé	119
9.6	Suggestions de lecture	119
9.7	Questions de contrôle	120
9.8	Propositions de travail	121

10 *Le fonctionnalisme face à l'expérience vécue* 123

10.1	Concevabilité et possibilité réelle	123
10.2	La conception fonctionnaliste des états phénoménaux	126
10.3	L'argument du fossé dans l'explication	128
10.4	Résumé	131
10.5	Suggestions de lecture	131
10.6	Questions de contrôle	131
10.7	Propositions de travail	132

11   Le contenu conceptuel : holisme et externalisme   *135*
    11.1   L'externalisme physique (Putnam)   135
    11.2   Le rôle inférentiel : le holisme sémantique   139
    11.3   Le holisme social   141
    11.4   Résumé   145
    11.5   Suggestions de lecture   145
    11.6   Questions de contrôle   146
    11.7   Propositions de travail   146

12   Le contenu conceptuel : holisme social et causalité mentale   *149*
    12.1   Le holisme social : théorie causale ou théorie constitutive ?   149
    12.2   Le monisme anomal de Davidson : position ambiguë .   153
    12.3   Dennett : l'attitude intentionnelle   157
    12.4   Le matérialisme éliminatif   159
    12.5   Résumé   162
    12.6   Suggestions de lecture   163
    12.7   Questions de contrôle   163
    12.8   Propositions de travail   164

Conclusion : La situation actuelle en philosophie de l'esprit   *165*

Bibliographie   *169*

Index des noms et des sujets   *188*

Avant-propos

La question du rapport entre l'esprit et la nature est un sujet important de la philosophie moderne depuis Descartes. En raison du développement qu'ont connu les sciences exactes au cours du 20e, ce sujet se trouve aujourd'hui de nouveau au centre des discussions en philosophie. Plus précisément, le débat contemporain se focalise sur le problème de la causalité mentale – c'est-à-dire sur la question de savoir comment les états mentaux peuvent influencer notre comportement. Ainsi, le problème de la causalité mentale constitue-t-il le fil conducteur de ce livre. Dans la première partie (chapitres 1 à 4) sont exposés le problème de la causalité mentale ainsi que les principales stratégies qui ont été proposées par les philosophes pour le résoudre. Dans la seconde partie (chapitres 5 à 7) est présenté le fonctionnalisme, le paradigme dominant en philosophie de l'esprit depuis les années 1970. La troisième partie (chapitres 8 à 12) aborde les thèmes du libre arbitre, de l'expérience vécue et du contenu conceptuel.

Ce livre vise à dresser un bilan de l'état actuel des discussions en philosophie de l'esprit, qui peut servir d'introduction à ce domaine. À ce dessein, à la fin de chaque chapitre est proposé un appareil didactique qui cherche à susciter la réflexion du lecteur par des suggestions de lecture, des questions d'auto-contrôle et des propositions de travail. Si ce livre aborde les arguments centraux qui sont échangés dans le cadre des discussions contemporaines en philosophie de l'esprit, il importe de préciser que, comme dans tout livre philosophique, la façon dont les arguments sont présentés et discutés trahit la manière dont son auteur les évalue.

Ce livre présente une matière qui, en termes de volume, peut être enseignée en un semestre – c'est la matière que j'utilise comme base pour le cours de philosophie de l'esprit que je donne régulièrement à l'Université de Lausanne. Respectant les limites imposées par ce cadre, le livre présente le fil conducteur des principaux débats et expose les arguments centraux, mais il renonce à examiner tous les détails, souvent techniques, de ces débats et arguments, invitant le lecteur à poursuivre son propre chemin au moyen des suggestions de lecture et des propositions de travail qui se trouvent à la fin de chaque chapitre.

Le présent ouvrage est une nouvelle édition du livre intitulé *La philosophie de l'esprit : De la relation entre l'esprit et la nature*, paru chez Armand Colin en 2005 et épuisé depuis 2010. Dans cette nouvelle édition, j'ai révisé toute la matière, effectuant des réarrangements et des coupes. J'ai également précisé certains arguments en tenant compte de la littérature publiée depuis la parution de la première édition.

Je souhaiterais exprimer ma reconnaissance à Gerd Graßhoff pour la publication du présent texte dans la série *Bern Studies in the History and Philosophy of Science*, ainsi qu'à Laurent Cordonier pour la correction soigneuse de l'expression française et à Patrice Soom pour la préparation du texte pour l'impression.

Lausanne, janvier 2011   Michael Esfeld

Chapitre 1

CORPS ET ESPRIT : LE PROBLÈME PHILOSOPHIQUE DE LEUR RAPPORT

But du chapitre : connaître les différentes sortes d'états mentaux et leurs traits caractéristiques ainsi que le problème majeur que se propose de résoudre la philosophie de l'esprit.

1.1 Le thème de la philosophie de l'esprit

Nous sommes à la fois des êtres corporels et des êtres doués de sensations, pensants et agissants. La question de savoir quel est le rapport entre le corps et l'esprit est depuis toujours un des problèmes centraux de la philosophie. En se posant la question de la nature de la relation entre le corps et l'esprit, on entre sur une voie qui mène d'une interrogation tirant son origine de la vie quotidienne à la réflexion philosophique. La tâche de la philosophie est (a) de préciser en quoi exactement consiste le problème que soulève cette relation et (b) de développer et d'évaluer de manière argumentée des propositions de solution.

Précisons d'emblée que par « esprit », on entend l'ensemble des états mentaux. Pour simplifier, on se limitera ici aux états mentaux des êtres humains et l'on laissera ouverte la question de savoir dans quelle mesure des animaux possèdent des états mentaux. Il est possible de distinguer plusieurs sortes d'états mentaux :

– Les *émotions*, comme ressentir de la douleur, de l'amour, de la haine, etc.
– Les *sensations* et les *perceptions*, comme voir une tomate rouge, entendre le bruit d'un avion, toucher une pierre humide, sentir le feu, goûter un bon vin, etc.
– Les *représentations imaginaires*, comme imaginer une montagne en or, rêver du sable au bord de la mer, etc.
– Les *croyances*, comme croire qu'il pleuvra ce soir, penser que Pauline est plus intelligente que Jacques, savoir que quatre et six font dix, etc.

– Les *désirs* et les *volitions* (au sens d'intentions d'action, c'est-à-dire d'actes de volonté), comme désirer une boule de glace, vouloir réussir un examen, etc.

Existe-t-il un trait caractéristique que tous ces états et uniquement ceux-ci possèdent en commun et qui fait d'eux ce qu'ils sont, c'est-à-dire des états mentaux ? Il semble que le trait distinctif commun aux états mentaux soit le fait d'être conscients : tous les états mentaux, et uniquement eux, sont des états conscients. La douleur, par exemple, n'existe que comme conscience de la douleur. Mais qu'est-ce que la conscience ? Trouver une réponse à cette question est au moins aussi difficile que de répondre à la question de savoir quel est le trait distinctif des états mentaux.

Selon une conception courante, la conscience consiste en des *expériences vécues*, manifestant une qualité phénoménale.[1] Être amoureux de quelqu'un, éprouver les effets d'une drogue, avoir mal à la tête, etc., sont autant d'états qui sont ressentis d'une certaine manière. Ceci vaut aussi pour le goût du rhum, l'odeur d'un poulet grillé, le toucher de la laine de mouton, la couleur des tomates mûres, etc. Pour décrire l'aspect phénoménal ou vécu des états mentaux, on utilise le terme technique de *quale* (pluriel : *qualia*). Par ce terme, on veut indiquer qu'il s'agit d'expériences qui possèdent une certaine qualité sensorielle. Des émotions, des représentations imaginaires, des sensations, des perceptions et peut-être aussi des désirs sont ainsi des expériences vécues.

Il semble toutefois que ce trait ne caractérise pas tous les états mentaux : au moins les croyances et les volitions constitueraient apparemment des exceptions. Le fait de penser que Pauline est plus intelligente que Jacques, par exemple, ou celui de savoir que quatre et six font dix, n'incluent pas nécessairement d'expériences vécues particulières. Certaines croyances peuvent être qualifiées de rationnelles dans le sens où elles ne sont pas nécessairement accompagnées d'une qualité sensorielle spécifique. Il en va de même pour les volitions, comme celle de vouloir réussir un examen, par exemple.

Les croyances et les volitions sont les exemples paradigmatiques d'un autre trait qu'on propose comme trait caractéristique distinctif des états mentaux, à savoir *l'intentionnalité*. Cette proposition re-

---

[1]Dans la littérature contemporaine, cette conception trouve sa source chez Nagel (1974) / traduction française Nagel (1984), chapitre 12.

monte à Franz Brentano (1838–1917).² L'intentionnalité d'un état mental consiste en le fait d'*être dirigé vers quelque chose* ou d'*avoir quelque chose pour objet*, au sens de représenter quelque chose. Par exemple, la croyance que Pauline est plus intelligente que Jacques porte bien sur quelque chose : deux personnes spécifiques. La croyance que quatre et six font dix se rapporte à un fait mathématique. La volonté de réussir un examen a pour objet un état futur de soi que l'on veut voir se réaliser. Par ailleurs, on peut maintenir que les désirs ainsi que les perceptions et les représentations imaginaires sont aussi dirigés vers des objets réels ou intentionnels, parce qu'ils représentent quelque chose, même si pour le faire ils ne nécessitent pas de recourir à des concepts. Il semble cependant que le critère de l'intentionnalité n'inclue pas non plus tous les états mentaux. En effet, une émotion, comme l'état d'avoir mal, par exemple, ne semble pas être nécessairement dirigée vers quelque chose ou représenter quelque chose.

Les états intentionnels paradigmatiques sont des états qui possèdent un contenu conceptuel, c'est-à-dire qu'ils impliquent l'emploi de concepts, comme c'est typiquement le cas avec les croyances. Par exemple, la croyance que Pauline est plus intelligente que Jacques implique l'emploi du concept d'intelligence et de celui de degrés d'intelligence. Ainsi, croire que quatre et six font dix suppose de maîtriser les concepts de quatre, de six, de dix ainsi que celui d'addition.

Pour résumer, on peut donc considérer que les états mentaux présentent deux traits caractéristiques : *l'expérience vécue* et *l'intentionnalité*. Il apparaît pourtant qu'aucun de ces traits n'est possédé par tous les états mentaux. De plus, le rapport entre ces deux traits n'est pas évident. Néanmoins, beaucoup d'états mentaux présentent ces deux aspects : ils impliquent une expérience vécue particulière et ils sont intentionnels.

Tournons-nous maintenant vers les états physiques. Peser quatre-vingts kilogrammes, mesurer un mètre soixante, avoir deux bras et dix doigts, avoir des neurones qui sont connectés les uns aux autres d'une certaine manière, etc., sont des exemples d'états physiques que peut posséder un être humain. Les états physiques ne se limitent pas aux phénomènes qu'examine la physique par opposition à la chimie, à la biologie ou aux neurosciences. En effet, quand on parle d'états physiques pour

---

²Voir Brentano (1874) / traduction française Brentano (1944), livre 2, chapitre 1, § 5.

les opposer aux états mentaux, on vise l'ensemble des états susceptibles de faire l'objet d'une des sciences de la nature qui nous sont familières. On ne peut pas donner de définition générale des états physiques. Dès lors, quand on parle d'états physiques, on désigne tous les états qui sont du même genre que les exemples paradigmatiques d'états physiques que nous connaissons (posséder une masse, une charge, une vitesse, etc.).[3]

À la place des concepts d'*états* physiques et d'*états* mentaux, on trouve parfois dans la littérature les notions de *propriétés* physiques et mentales, d'*événements* physiques et mentaux, de *phénomènes* physiques et mentaux ou encore de *faits* physiques et mentaux. On privilégie cependant dans cet ouvrage les termes d'*états* physiques et d'*états* mentaux. Là encore, une distinction s'impose : celle entre *états-types* et *états-occurrences* (les exemplaires ou occurrences individuelles d'états). Par exemple, le mal de tête est un *type* d'état, tandis que ce mal de tête que ressent Marie aujourd'hui à midi est une *occurrence* individuelle de ce type d'état. Dans ce livre, quand il est fait mention d'*états*, sans autre spécification, il est toujours question d'*occurrences d'état* ; ainsi il est précisé qu'il s'agit de types d'état quand tel est le cas. Notons encore que dans cet ouvrage nous adoptons une conception bien précise des états : *on considère un état comme étant l'occurrence individuelle – l'exemplaire – d'une propriété à un moment déterminé*. Si Marie est dans l'état d'avoir mal à la tête aujourd'hui à midi, il s'agit d'une occurrence individuelle de la propriété « avoir mal à la tête ». Il serait donc plus exact de toujours parler d'occurrences de propriétés, mais cette expression est un peu lourde. Quoi qu'il en soit, dans cet ouvrage, quand la distinction entre types et occurrences (*type* et *token* en anglais) est pertinente, elle est mentionnée de façon explicite. Précisons pour finir que, dans ce livre, on utilise des majuscules pour désigner des types d'état – un M majuscule désigne ainsi un type d'état mental, par exemple – et des minuscules pour désigner des occurrences d'état – un m minuscule désigne dès lors une occurrence individuelle d'un état mental.

---

[3] Voir, par exemple, Papineau (1993), pp. 29–30, et Jackson (1998b), pp. 6–8, ainsi que Nimtz et Schütte (2003).

1.2 LA DISTINCTION ENTRE LES ÉTATS MENTAUX ET LES ÉTATS PHYSIQUES

L'expérience que nous avons de nous-mêmes nous fait nous percevoir comme des êtres doués de sensations, pensants et agissants. Une telle expérience de nous-mêmes nous pousse intuitivement à opérer une distinction entre nos états mentaux et les états physiques. Comme nous l'avons déjà vu, si l'on essaie de conceptualiser cette distinction, on arrive à la conclusion que deux caractéristiques semblent opposer les états mentaux aux états physiques : les premiers, contrairement aux seconds, impliquent des expériences vécues particulières et sont intentionnels. Pour être plus précis, il semble que les états mentaux soient subjectifs, dans le sens où ils sont privés, tandis que les états physiques, étant publics, sont objectifs. La question de savoir si la taille de Pierre dépasse un mètre quatre-vingt se prête à un examen public ; la procédure consistant à mesurer sa taille avec un mètre déterminera un résultat objectif. Pierre n'occupe pas une position privilégiée eu égard à la détermination de sa propre taille. Au contraire, il semble que Pierre soit le seul à pouvoir directement savoir s'il ressent une douleur. Lui seul est en mesure de reporter de manière fiable qu'il éprouve de la douleur. Les autres ne peuvent que prendre ses paroles et son comportement pour indices de ses états mentaux. On dit pour cette raison que chacun possède un accès privilégié à ses propres états mentaux, et l'on considère que les états mentaux sont des états internes. Cette caractéristique des états mentaux est liée au fait qu'ils sont des états conscients, consistant en certaines expériences vécues (*qualia*). Les états physiques, eux, ne sont pas des états conscients, et l'on ne peut pas les caractériser par des *qualia*.

En outre, l'intentionnalité semble différencier les états mentaux des états physiques. Comme nous l'avons vu, on dit des états mentaux qu'ils sont intentionnels car ils sont dirigés vers quelque chose, au sens où ils portent sur quelque chose, et ils ont un sens, un contenu ou une signification. De leur côté, les états physiques ne sont pas caractérisés par de tels traits. Ainsi, il existe des relations rationnelles entre états intentionnels. Par exemple, le désir de manger de la glace et la croyance que le glacier est ouvert ont, ensemble, pour conséquence rationnelle l'action d'aller chez le glacier. La croyance que « si p, alors q » et la croyance que p ont pour conséquence logique la croyance que q. Autrement dit, les relations causales entre états intentionnels respectent souvent des principes logiques et rationnels, tandis qu'il semble que la causalité physique soit aveugle aux principes logiques et rationnels.

Une autre notion se trouve souvent liée au trait distinctif des états mentaux que constitue l'intentionnalité : la liberté. Dans une certaine mesure, la personne peut fixer elle-même ce qu'elle veut faire et ce qu'elle ne veut pas faire. Ceci s'applique aussi, en un certain sens, aux croyances : nous sommes libres de constituer nous-mêmes, par exemple, nos opinions politiques ou nos théories scientifiques. Les états physiques, pour leur part, semblent être caractérisés par le déterminisme : chaque état physique en suit d'autres selon des lois déterministes. Même si les lois physiques ne sont pas déterministes, elles fixent des probabilités objectives. Et même s'il y avait du hasard dans la nature physique, ceci ne correspondrait pas à la liberté.

Pour résumer, voici une liste des caractéristiques importantes qu'on considère comme distinguant les états mentaux des états physiques :

ÉTATS MENTAUX :	ÉTATS PHYSIQUES :
subjectifs, accès privilégié	objectifs, accès public
conscients (*qualia*)	pas conscients (pas de *qualia*)
intentionnels	non intentionnels
rationnels	non rationnels
liberté	déterminisme

En dressant une telle liste, on cherche à établir la proposition suivante : *les états mentaux ne sont pas des états physiques.*

1.3 LE RAPPORT CAUSAL ENTRE LES ÉTATS MENTAUX ET LES ÉTATS PHYSIQUES

Bien qu'il semble que les états mentaux ne soient pas des états physiques, le domaine des états mentaux n'est pas pour autant indépendant du domaine physique. L'expérience que nous avons de nous-mêmes, qui nous fait nous percevoir comme des êtres doués de sensations, pensants et agissants, nous pousse non seulement à distinguer les états mentaux des états physiques, mais elle nous conduit aussi à penser qu'il existe un lien causal entre ces deux types d'états. On peut différencier quatre types de liens causaux s'agissant des états mentaux et physiques :

- *Des états physiques causent des états physiques* : par exemple, la pluie cause le fait que les rues sont mouillées. En général, chaque état physique se situe dans un réseau de relations causales avec d'autres états physiques.
- *Des états physiques causent des états mentaux* : par exemple, le chant des oiseaux cause la perception du chant des oiseaux. En général, la constitution de l'environnement et du corps cause des perceptions et des croyances sur la constitution de l'environnement et du corps, ainsi que des émotions.
- *Des états mentaux causent des états mentaux* : par exemple, la perception d'un glacier cause le désir de manger de la glace. En général, des perceptions et des croyances causent des désirs et des volitions.
- *Des états mentaux causent des états physiques* : par exemple, la volonté de lever son bras droit cause le mouvement de son bras droit. En général, des désirs et des volitions causent certains comportements physiques, à savoir des états physiques qui sont aptes à produire les effets voulus. Il ne s'agit pas uniquement d'états macrophysiques, mais aussi d'états microphysiques. Si mon bras droit se lève, la production de cet état macroscopique implique certains changements au niveau du mouvement de particules microphysiques.

Il y a souvent des chaînes causales qui impliquent à la fois des états physiques et des états mentaux. Par exemple, le mauvais temps cause le mal de tête que ressent Marie. Le mal de tête ressenti par Marie cause son désir de prendre un comprimé d'aspirine. Ce désir incite Marie à ouvrir une boîte d'aspirine et à avaler un comprimé. Le comprimé avalé par Marie cause la disparition de son mal de tête.

Dans la liste que nous avons dressée ci-dessus, c'est le quatrième type de lien causal entre états mentaux et états physiques qui est au centre des préoccupations en philosophie de l'esprit. En effet, le débat tourne autour de la question de savoir comment il est possible que des états mentaux causent des états physiques. À partir du moment où l'on dispose d'une réponse satisfaisante à cette question, les autres types de liens causaux que nous avons listés ne constituent plus un problème. Retenons donc la proposition suivante : *des états mentaux causent des états physiques*.

1.4 L'importance des sciences de la nature modernes

Le problème du rapport entre l'esprit et le corps en philosophie moderne tourne autour de la question de savoir comment des états mentaux peuvent causer des états physiques. Dans la philosophie de l'antiquité et la philosophie médiévale, cette question n'était pas pressante parce qu'il n'existait pas encore une science systématique de la nature. Les sciences de la nature modernes, par contre, exercent une influence directe sur la philosophie de l'esprit en mettant en évidence qu'on ne peut pas tenir pour établi que des états mentaux causent des états physiques si l'on postule que les états mentaux sont distincts des états physiques.

Le succès que connaissent les sciences de la nature modernes suggère un principe philosophique qu'on peut appeler *principe de la complétude causale, nomologique et explicative du domaine des états physiques*, selon lequel, *dans la mesure où les états physiques p ont des causes, sont soumis à des lois et peuvent être expliqués, alors tout état physique p a des causes physiques complètes, est soumis à des lois physiques complètes et possède une explication physique complète.* En d'autres termes, pour tout état physique, il n'est jamais nécessaire de chercher une cause à son occurrence en dehors du domaine physique. S'il est possible de trouver une explication causale pour n'importe quel état physique donné, alors on peut découvrir une explication qui fait référence exclusivement à d'autres états physiques, étant donné des lois physiques.

Ce principe ne présuppose pas le déterminisme. La formulation « dans la mesure où les états physiques ont des causes » laisse ouverte la question de savoir dans quelle mesure les états physiques possèdent des causes. La causalité physique est liée aux lois de la nature : si les lois physiques sont déterministes, alors il existe, pour chaque état physique p, des causes physiques suffisantes dont l'occurrence entraîne l'occurrence de p. Si ces lois sont probabilistes, alors il existe, pour tous les types d'états physiques, des probabilités d'occurrence qui sont complètement déterminées par l'occurrence d'autres états physiques et par les lois physiques. En d'autres termes, les causes physiques, étant soumises à des lois, suffisent à fixer pour tous les types d'états physiques les probabilités de leur occurrence. Par exemple, si l'on suppose que les phénomènes de désintégration des atomes radioactifs ne sont pas couverts par des lois déterministes, il existe néanmoins des lois physiques qui permettent de calculer une probabilité objective de désintégration dans un temps donné pour chaque quantité d'atomes radioactifs.

L'argument clé en faveur du principe de la complétude du domaine physique est que les sciences de la nature modernes nous mettent à disposition, depuis la mécanique et la théorie de la gravitation d'Isaac Newton (1642–1727), des théories physiques fondamentales qui sont universelles, c'est-à-dire des théories dont les lois s'appliquent à tous les systèmes et à tous les états physiques. Si ces théories sont universelles, elles excluent qu'il y ait des états physiques qui aient des causes, des lois ou des explications non physiques, c'est-à-dire des lois ou des explications invoquant des variables qui ne figurent pas dans ces théories. De plus, il n'y a aucun indice empirique qui nous pousserait à admettre l'existence de causes non physiques intervenant dans le domaine des états physiques.

Retenons le *principe de la complétude causale, nomologique et explicative du domaine physique* comme troisième proposition de départ dans notre présentation de la philosophie de l'esprit. Ce principe ne se base pas sur l'expérience que nous avons de nous-mêmes, mais sur les résultats des sciences de la nature modernes. En effet, il constitue une interprétation philosophique des théories fondamentales et universelles de ces sciences.[4]

1.5 Le problème de la philosophie de l'esprit

Résumons les trois propositions qui constituent notre point de départ pour aborder la philosophie de l'esprit :

(1) Le principe de la distinction entre les états mentaux et les états physiques : *les états mentaux ne sont pas des états physiques.*

(2) Le principe de la causalité mentale : *des états mentaux causent des états physiques.*

(3) Le principe de la complétude causale, nomologique et explicative du domaine des états physiques : *dans la mesure où les états physiques* p *ont des causes, sont soumis à des lois et peuvent être expliqués, alors tout état physique* p *a des causes physiques com-*

---

[4]Voir Papineau (2002), appendice, pour une argumentation détaillée en faveur de ce principe qui invoque l'histoire de la physique moderne.

plètes, est soumis à des lois physiques complètes et possède une explication physique complète.

On s'aperçoit maintenant qu'il y a ici un problème : nous avons de bonnes raisons de croire que chacune des propositions de (1) à (3) prise isolément est vraie. Mais ces trois propositions ne peuvent pas être vraies conjointement.

On peut préciser ce problème de la façon suivante : soit un état physique p_2, mon bras droit levé, par exemple. Cet état physique a une cause physique complète p_1 (en vertu de (3)) ainsi qu'une cause mentale m_1 (en vertu de (2)), en supposant que j'ai eu l'intention de lever mon bras droit, et ces deux causes sont distinctes (en vertu de (1)).

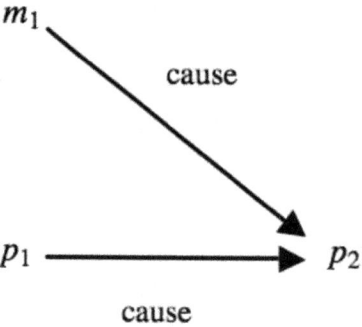

Figure 1 : le problème de la causalité mentale

Pour être précis, pour que la conjonction des propositions (1) à (3) constitue une contradiction, il faut ajouter un quatrième principe :
(4) Le principe de l'absence de surdétermination régulière : *si des états mentaux causent des états physiques, il n'y a pas de surdétermination causale régulière de ces états physiques par des causes physiques complètes et des causes mentales additionnelles.*

Le principe (4) est indispensable pour que surgisse le problème, car il est possible de retenir (1), (2) et (3) conjointement si l'on admet que chaque cas de causalité mentale est un cas de surdétermination, l'effet physique en question possédant deux causes distinctes. Pour illustrer la surdétermination régulière, supposons que j'ai l'intention de lever mon bras droit : l'occurrence d'un certain état cérébral détermine une certaine probabilité que mon bras droit se lève, étant donné les lois de la physique, et mon désir de lever mon bras droit, étant un état mental distinct des états physiques, détermine en même temps de son côté cette même probabilité que mon bras droit se lève. De façon générale, dans chaque cas de causalité mentale, il y a aussi toujours une cause physique complète aux effets produits. Par conséquent, si l'on accepte une surdétermination causale régulière, la causalité mentale existe, mais tous les effets que produisent les causes mentales sont en même temps aussi produits par des causes physiques (qui sont distinctes des causes mentales). Il semble toutefois qu'une telle causalité mentale qui ne produirait pas d'effets qui lui soient propres n'ait aucune raison d'être.

Le problème de la philosophie de l'esprit peut dès lors être formulé en ces termes : en admettant la vérité de (4), les propositions (1) à (3) forment une triade inconsistante. En effet, toutes ces propositions sont compatibles deux à deux, mais chacune de ces paires de propositions compatibles implique la fausseté de la troisième proposition :[5]

— En admettant (4), (1) et (2) *impliquent non* (3) : si (1) les états mentaux ne sont pas des états physiques et si (2) des états mentaux causent des états physiques, alors il n'est pas possible que (3), dans la mesure où un état physique a des causes, il ait des causes physiques complètes ; dans ce cas, des états mentaux non physiques sont indispensables comme causes pour certains états physiques.

— En admettant (4), (1) et (3) *impliquent non* (2) : si (1) les états mentaux ne sont pas des états physiques et si (3), dans la mesure où un état physique a des causes, il a des causes physiques complètes, alors il n'est pas possible que (2) des états mentaux causent des états physiques ; dans ce cas, il n'y a pas de place pour des états mentaux causant des états physiques.

— En admettant (4), (2) et (3) *impliquent non* (1) : si (2) des états mentaux causent des états physiques et si (3), dans la mesure où un état physique a des causes, il a des causes physiques complètes, alors il n'est pas possible que (1) les états mentaux ne soient pas des états physiques ; dans ce cas, les états mentaux sont identiques à des états physiques.

---

[5] Cf. aussi Bieri (1993), p. 5, et Engel (1994), pp. 20–21.

Comme les deux premières propositions trouvent leur origine dans l'expérience que nous avons de nous-mêmes, qui nous fait nous percevoir comme des êtres doués de sensations, pensants et agissants, et comme la troisième proposition se base sur les résultats des sciences de la nature modernes, on peut être tenté de dire que le problème de la philosophie de l'esprit est un conflit entre notre expérience subjective et la science. Un tel diagnostic serait pourtant trop facile : il existe déjà une tension entre la première et la deuxième proposition. En effet, la première proposition sépare les états mentaux des états physiques, tandis que la deuxième proposition établit un lien causal entre les états mentaux et des états physiques.

Afin de résoudre le problème de la philosophie de l'esprit, il faut abandonner une de ces trois (ou quatre) propositions pour lever la contradiction qu'elles engendrent lorsqu'elles sont prises simultanément. La philosophie de l'esprit, depuis le 17e siècle jusqu'à nos jours, tourne autour de la question de savoir laquelle de ces propositions il faut rejeter et à quelles conditions le résultat peut constituer une philosophie de l'esprit convaincante. Dans le prochain chapitre, on commencera à discuter les trois (voir quatre) positions principales qui résultent de l'abandon d'une de ces propositions.

1.6   Résumé

Le problème que la philosophie de l'esprit se propose de résoudre consiste dans le fait qu'il y a des bons arguments pour admettre chacune des trois propositions suivantes qui, pourtant, considérées conjointement, forment une triade inconsistante :

(1) Les états mentaux ne sont pas des états physiques.
(2) Des états mentaux causent des états physiques.
(3) Dans la mesure où les états physiques p ont des causes, sont soumis à des lois et peuvent être expliqués, alors tout état physique p a des causes physiques complètes, est soumis à des lois physiques complètes et possède une explication physique complète.

Ces trois propositions ne sont réellement inconsistantes conjointement qu'à la condition d'admettre une quatrième proposition :

(4) Si des états mentaux causent des états physiques, il n'y a pas de surdétermination causale régulière de ces états physiques par des causes physiques complètes et des causes mentales additionnelles.

Ainsi, il faut abandonner une de ces quatre propositions afin de résoudre le problème de la philosophie de l'esprit.

1.7 Suggestions de lecture

Parmi les bons livres d'introduction à la philosophie de l'esprit, notez Engel (1994) et Fisette et Poirier (2000) ainsi que Kim (1996 / traduction française 2008), Braddon-Mitchell et Jackson (1996) (en anglais), Rey (1997) (en anglais), Heil (1998) (en anglais), Lowe (2000) (en anglais), Crane (2001) (en anglais), Carruthers (2004) (en anglais), Beckermann (2001) (en allemand), Pauen (2001) (en allemand) et Schröder (2004) (en allemand). Pour un exposé sommaire, voir l'article de Dokic (2000). Pinkas (1995) présente une vue d'ensemble des théories physicalistes contemporaines de l'esprit. Jacob (2004) examine les conceptions majeures des états intentionnels.

Pour les anthologies contenant des textes importants avec de brèves introductions, on peut mentionner Fisette et Poirier (2002) et (2003) ainsi que Block (1980/81) (en anglais), Rosenthal (1991) (en anglais), Guttenplan (1994) (en anglais), Heil (2004) (en anglais) et Bieri (1993) (en allemand).

1.8 Questions de contrôle

1) Qu'entend-on par *qualia* ?
2) Qu'entend-on par intentionnalité ?
3) Les deux caractéristiques des états mentaux que constituent les qualia et l'intentionnalité sont-elles nécessaires et/ou suffisantes pour définir les états mentaux ?
4) Pourquoi les états mentaux semblent-ils être des états subjectifs et internes ?
5) Qu'est-ce qu'on entend par des relations rationnelles entre états intentionnels ?

6) Pourquoi le principe de la complétude causale du domaine des états physiques ne présuppose-t-il pas que les lois physiques soient déterministes ?

7) Pourquoi faut-il ajouter le principe de l'absence de surdétermination régulière afin de formuler le problème de la philosophie de l'esprit ?

8) S'il faut abandonner une des quatre propositions qui constituent le problème de la philosophie de l'esprit, quel est votre choix et pour quelles raisons ?

1.9 Proposition de travail

– *Le principe de la complétude causale du domaine des états physiques* : reconstruction de l'argumentation en faveur de ce principe. Littérature : Papineau (2002), appendice.

Chapitre 2

LE DUALISME INTERACTIONNISTE

But du chapitre : connaître l'argument de Descartes en faveur du dualisme des substances et les objections contre cet argument, saisir le problème de l'interaction psychophysique.

2.1 L'ARGUMENT DE DESCARTES EN FAVEUR DU DUALISME DES SUBSTANCES

Le dualisme en philosophie de l'esprit est une position qui soutient que les états mentaux et les états physiques sont de nature différente. Le dualisme en philosophie moderne remonte à René Descartes (1596–1650). Suivant ce philosophe, les états mentaux et les états physiques d'une personne constituent deux substances différentes. Il est à relever qu'une argumentation en faveur du dualisme ne peut pas simplement se baser sur l'expérience que nous avons de nous-mêmes selon laquelle nous sommes des êtres doués de sensations, pensants et agissants ; encore doit-elle développer un raisonnement qui montre non seulement que nous utilisons des *concepts* différents pour décrire les états mentaux et les états physiques (fait trivial que personne ne remet en cause), mais encore qu'il existe bien *une distinction réelle* dans le monde entre les états mentaux et les états physiques.

Ainsi, notamment dans les *Méditations touchant la première philosophie* (1641), Descartes développe un argument sophistiqué qui sert jusqu'à aujourd'hui de modèle pour tous les arguments en faveur du dualisme : on conçoit une situation dans laquelle il y a un écart entre les états mentaux et les états physiques. En admettant qu'une telle situation est concevable (possibilité logique), on cherche à établir qu'elle est réellement possible, et de cela, on conclut à l'existence d'une distinction réelle entre les états mentaux et les états physiques. On peut reconstruire les étapes principales de l'argument de Descartes de la manière suivante :

1) *Il est concevable* – c'est-à-dire que cela n'implique pas de contradiction – *que tous les états physiques, y compris mon corps, n'existent pas*. Par exemple, il est concevable que je rêve d'états physiques inexistants ou qu'un malin génie me trompe en manipulant mon esprit

de telle sorte que je croie qu'il existe des états physiques en dehors de mon esprit alors que ce n'est pas le cas. Ainsi, on peut en arriver à douter de l'existence même du monde physique, y compris de celle de son propre corps. Ce doute inclut d'ailleurs la possibilité de remettre en question le fait que d'autres personnes (d'autres êtres pensants) existent.

2) *Il est impossible pour moi de concevoir que mes états mentaux n'existent pas*. On ne peut pas douter du fait que l'on pense, car chaque fois que l'on doute de quelque chose, on est effectivement en train de penser. Par conséquent, pour chaque être pensant, la proposition « Je pense, j'existe » est indubitable.

3) Il suit de (1) et (2) qu'*il est possible de concevoir de manière claire et distincte ses propres états mentaux sans avoir à concevoir l'existence de ses propres états physiques*. En d'autres termes, chaque personne a une connaissance claire de ses états mentaux qui n'implique pas de référence nécessaire à ses états physiques.

4) *si l'on peut concevoir de manière claire et distincte a sans b, il s'ensuit la possibilité métaphysique pour a d'exister sans b*. Étant donné (3), il est dès lors possible pour mes états mentaux d'exister sans que des états physiques existent.

5) Il suit de (4) que *les états mentaux n'appartiennent pas à la substance physique ou corporelle*. Les états mentaux ne sont pas des propriétés du corps.

6) *Tous les états sont des propriétés d'une substance.*

7) Il suit de (5) et (6) que *mes états mentaux sont les états d'une substance mentale*. En d'autres termes, chaque être pensant est une substance mentale.

On trouve les deux premières propositions (connues comme l'argument du doute) déjà dans la deuxième *Méditation* (§§ 1–8). La troisième proposition (connue comme l'argument de la connaissance claire, se basant sur les deux premières propositions) est introduite seulement dans la sixième *Méditation* (§ 9 ; voir aussi secondes réponses aux *Objections contre les Méditations*, annexe, proposition quatrième). Par ce raisonnement, Descartes cherche à établir qu'il existe deux sortes de substances, la substance mentale (*res cogitans*) et la substance corporelle, ou physique (*res extensa*).[1]

Ce raisonnement est-il convaincant ? La plupart des philosophes contemporains admettent qu'il est concevable et métaphysiquement possible qu'il y ait des âmes sans corps. De ce fait ne découle cependant pas nécessairement que je puisse concevoir de façon claire et distincte *mes* états mentaux sans mon corps ou qu'il soit possible pour *mes* états mentaux d'exister indépendamment des états physiques. L'argument du doute cartésien contient une présupposition sémantique contestable. En effet, pour qu'il y ait un sens à douter, il faut que les croyances mises en doute conservent leur contenu conceptuel. Si, par exemple, on met en doute la proposition qui affirme que ce bâton à moitié plongé dans de l'eau est brisé au niveau de la surface de l'eau, il faut que la proposition « Le bâton est brisé » ait un contenu conceptuel bien déterminé. Autrement, il n'y aurait rien qu'on pourrait mettre en doute. si l'on met des croyances perceptives individuelles en question, il y a toujours un arrière plan constitué d'autres croyances perceptives qui, elles, ne sont pas remises en cause. Si, par exemple, on doute du fait que le bâton soit *brisé*, on ne doute pas du fait que l'objet auquel on fait référence est un *bâton*. Ce contexte assure que le contenu conceptuel est conservé lors du doute et que nos croyances ont des référents.

Or, si l'on met en doute la totalité des croyances empiriques, supposant que le domaine physique n'existe pas, on perd les référents de ces croyances. Si toutes nos croyances empiriques étaient fausses, elles ne feraient référence à rien. Il n'y aurait pas de bâtons, pas de corps, pas d'arbres, pas d'électrons, etc. Comment nos croyances pourraient-elles quand même avoir un contenu conceptuel déterminé ? En bref, Descartes présuppose que le contenu conceptuel de nos croyances est indépendant de leurs référents : même s'il manquait les référents, le contenu conceptuel des croyances resterait intact.

De plus, s'il est possible que toutes mes croyances empiriques soient fausses, il est également possible que soit fausse ma croyance en l'existence d'autres êtres pensants que moi. Descartes présuppose ainsi qu'il est possible d'avoir des croyances qui possèdent un contenu conceptuel précis sans que n'existent ni langage public, ni interactions sociales.

---

[1] Pour une reconstruction de l'argument de Descartes voir, par exemple, Beckermann (1986), chapitre 2, et Rozemond (1998), chapitre 1.

Pour cette raison, on dit de la méthode cartésienne qu'elle consiste en un *solipsisme méthodologique* : afin d'entretenir des croyances, une personne n'a besoin ni d'autres personnes ni d'un monde empirique. Ce solipsisme est méthodologique, car Descartes ne suppose pas vraiment qu'il existe tout seul. Néanmoins, Descartes devrait nous donner des arguments pour soutenir la présupposition selon laquelle chacun de nous pourrait entretenir exactement les mêmes pensées que nous entretenons effectivement même s'il n'existait pas d'autres êtres pensants et, donc, pas de langage, pas plus qu'un environnement physique partagé avec d'autres personnes. Suite au tournant linguistique qu'a connu la philosophie du 20e siècle, presque personne en philosophie contemporaine ne défend plus la cohérence du solipsisme méthodologique cartésien.

Par conséquent, Descartes établit, au mieux, la possibilité métaphysique pour un dieu de créer des âmes sans corps. Son argument par le doute ne réussit cependant pas à prouver que *nos* états mentaux peuvent exister sans *nos* états physiques. Il ne montre ainsi pas que nous possédons de nos états mentaux une connaissance claire et distincte qui ne contient pas de références à nos corps.[2] Pour cette raison, l'argumentation de Descartes en faveur du dualisme des substances est en général considérée comme ingénieuse, mais fallacieuse.[3]

Un autre argument influent contre le dualisme cartésien est celui avancé par Gilbert Ryle (1900–1976). Dans le premier chapitre de *La notion d'esprit* (1949 / traduction française 1978), Ryle reproche à la tradition dualiste de commettre une erreur de catégorie. Il caricature le dualisme cartésien des substances en le présentant sous les traits du dogme du « fantôme dans la machine ». Le corps y est vu comme une machine pilotée de l'intérieur par un fantôme non corporel. Selon Ryle, l'erreur de catégorie commise par Descartes est comparable à celle que commet celui qui demande où se trouve l'université après qu'on lui ait montré des bâtiments, des salles de cours, des enseignants, des bibliothèques, etc. Elle est du même type que le faux pas commis par celui qui pose la question de savoir qui porte l'esprit d'équipe après qu'on lui a appris les différentes fonctions des joueurs dans une équipe de cri-

---

[2] Cf. la critique de Beckermann (1986), chapitre 3.

[3] Mais voir Yablo (1990) pour une revivification de ce type d'argumentation. De plus, voir Swinburne (1986), en particulier chapitre 8, Foster (1991), chapitres 6 et 7, et Meixner (2004), surtout chapitre 2, pour des défenses récentes du dualisme des substances.

cket. Celui qui cherche l'université n'a pas compris que la manière dont, ensemble, fonctionnent les bâtiments, les enseignants, etc. *est* l'université. Celui qui cherche l'esprit d'équipe n'a pas réalisé que la manière dont, ensembles, jouent les joueurs *est* l'esprit d'équipe. Ces personnes commettent une erreur de catégorie, parce qu'elles pensent que l'université ou l'esprit d'équipe est une chose en plus des bâtiments, des joueurs, etc. Suivant Ryle, si l'on avance que l'esprit est une substance en plus du corps, on se trompe quant à la catégorie mobilisée pour conceptualiser notre expérience des états mentaux.

La critique de Ryle touche le dualisme des substances. Mais il faut relever que le dualisme en philosophie de l'esprit est une position plus large que le dualisme de Descartes : une position dualiste n'est pas forcée de reconnaître l'existence de deux sortes de substances. Il n'est pas nécessaire de supposer que les états mentaux pourraient exister même s'il n'y avait pas d'états physiques. Pour être dualiste, il suffit de maintenir que les états mentaux et les états physiques sont deux sortes d'états différents ou que les propriétés mentales et les propriétés physiques sont deux types de propriétés distinctes ; mais rien n'empêche d'affirmer qu'il s'agit d'états ou de propriétés d'une même substance. Néanmoins, pour soutenir une position dualiste, il faut développer un argument du type cartésien, c'est-à-dire un argument qui établit qu'il y a non seulement une distinction conceptuelle entre la manière dont nous conceptualisons nos états mentaux et les états physiques, mais aussi une distinction réelle entre deux types d'états ou deux types de propriétés dans le monde.

2.2 L'INTERACTION PSYCHOPHYSIQUE

Descartes propose non seulement un dualisme des substances, il soutient encore qu'il existe une union causale entre l'esprit et le corps.[4] Son dualisme est interactionniste : des états physiques causent des états mentaux et vice-versa. Dans le cadre de cette conception, il n'est pas nécessaire que chaque état mental puisse directement causer des états physiques, il suffit que chaque état mental puisse faire partie d'une chaîne causale qui inclut des états physiques. La croyance que le glacier est ouvert, par exemple, peut causer le désir de manger de la glace, désir qui, à son tour, provoquera l'action physique de se rendre chez le glacier.

---

[4] Voir Baertschi (1992), chapitre 3.

Le dualisme interactionniste résout le problème de la philosophie de l'esprit en acceptant les deux premières propositions qui le composent et en rejetant la troisième :

(1) Les états mentaux ne sont pas des états physiques.

(2) Des états mentaux causent des états physiques.

(Non 3) Il n'est pas vrai que, dans la mesure où les états physiques p ont des causes, sont soumis à des lois et peuvent être expliqués, tout état physique p a des causes physiques complètes, est soumis à des lois physiques complètes et possède une explication physique complète.

Il importe de relever que l'approche interactionniste n'est pas applicable qu'au seul dualisme cartésien des substances. On peut proposer un dualisme interactionniste aussi sur la base d'un dualisme des états ou des propriétés. Par exemple, Karl R. Popper (1902–1994) défend un dualisme interactionniste qui est un dualisme des propriétés et non un dualisme des substances.[5]

Pour répondre à la question de la façon dont des états mentaux peuvent causer des états physiques, Descartes élabore une théorie sophistiquée de la causalité mentale. Selon lui, l'interaction entre les deux sortes d'états s'effectue dans le cerveau au niveau de la glande pinéale.[6] Il n'explique cependant pas comment il est possible pour des états mentaux qui ne sont pas localisés dans l'espace physique d'exercer une influence causale en un lieu précis.

Dans le modèle de Descartes, les états mentaux produisent des effets physiques en changeant la direction du mouvement de minuscules particules dans le cerveau. Ils ne changent par contre pas la vitesse de ces particules. En effet, selon la physique de Descartes, seule la somme totale du mouvement – plus précisément, de l'impulsion (le produit de la masse et de la vitesse) – des particules dans le cerveau est conservée ; la direction du mouvement n'est, elle, pas une quantité physique conservée. Autrement dit, dans le cadre de cette physique, la direction du mouvement n'est pas fixée par des lois physiques. Dès lors, les états mentaux pourraient changer la direction du mouvement des particules cérébrales sans qu'un tel changement supposé ne contredise une loi physique. Dans

---

[5] Voir Popper dans Popper et Eccles (1977).

[6] Voir *Passions de l'âme*, première partie, §§ 31–32. Voir aussi sixième *Méditation*, §§ 20–22.

le modèle de Descartes, il n'y a ainsi pas de conflit entre sa proposition quant à l'efficacité causale des états mentaux et les lois physiques sur lesquelles il se base.[7]

Cependant, Gottfried Wilhelm Leibniz (1646–1716) objecte à Descartes que non seulement la somme totale de l'impulsion est conservée, mais que l'impulsion l'est aussi, en tant que quantité vectorielle. Autrement dit, la direction du mouvement est également déterminée par une loi physique. Cette loi n'était pas encore connue à l'époque de Descartes. Leibniz réfute ainsi la solution que propose Descartes.[8] Néanmoins, le type de solution qu'a inventé Descartes est encore discuté aujourd'hui. En effet, dans le cadre du dualisme interactionniste, on cherche souvent des lacunes dans la causalité physique pour pouvoir avancer que la causalité mentale s'y insinue. Le but est de montrer que, distincts des états physiques, les états mentaux peuvent être causalement efficaces sans contredire les lois de la physique.

Les propositions actuelles de ce type se basent sur la physique quantique. En effet, selon certaines interprétations de la physique quantique, cette théorie inclut des lois probabilistes qui réfèrent à des probabilités objectives dans la nature. Il y a dès lors certains types d'états physiques dont l'occurrence n'est pas *déterminée* par des lois physiques ; ces lois ne fixent qu'une certaine *probabilité* quant à leur occurrence. L'exemple paradigmatique avancé pour illustrer ces interprétations de la physique quantique est celui de la désintégration des atomes radioactifs. En se basant sur ces interprétations de la physique quantique, il devient possible, pour défendre un dualisme interactionniste, d'avancer que les états mentaux profitent de cet indéterminisme physique pour provoquer l'occurrence de certains états quantiques dans le cerveau. Le neurobiologiste John Eccles (1903–1997), qui est le seul à avoir élaboré en détail une telle proposition, suggère que l'intention mentale augmente momentanément la probabilité d'occurrence d'un grand nombre de certains états quantiques cérébraux corrélés. Ces états quantiques cérébraux causent finalement des états macroscopiques, comme le bras qui se lève.[9]

Pourtant, il faut noter que quel que soit l'effort théorique déployé pour le défendre, le dualisme interactionniste contredit inévitablement

---

[7]Voir *Principes*, livre 2, §§ 36, 41. Cf. Peter McLaughlin (1993).
[8]Voir Leibniz, *Théodicée*, première partie, § 61 ; *Monadologie*, § 80.
[9]Voir Eccles (1994), chapitre 9.

la troisième proposition du problème de la philosophie de l'esprit. En effet, toutes les positions dualistes interactionnistes sont incompatibles avec le principe de la complétude causale du domaine des états physiques : toutes ces positions postulent qu'il existe des états physiques dont les causes physiques ne sont pas suffisantes, ces états ayant en plus des causes mentales. Suivant Descartes, certains états cinétiques de particules cérébrales ont, en ce qui concerne la direction de leur mouvement, des causes non physiques. Par conséquent, afin d'expliquer la direction du mouvement de ces particules, il faut faire référence à des états mentaux. Néanmoins, cette position n'aboutit pas à un conflit avec les lois physiques connues à l'époque, parce que, pour Descartes, il n'y avait pas de lois qui déterminent la direction du mouvement, même pas des lois probabilistes.

Selon les dualistes interactionnistes contemporains qui se réfèrent à la physique quantique, il y a des états physiques au niveau du cerveau qui ont des causes non physiques (à savoir, des états mentaux). Contrairement à ce qui se passe chez Descartes, ce postulat implique un conflit avec des lois physiques : s'il est vrai, les lois probabilistes de la physique quantique ne donnent pas les probabilités correctes quant à l'occurrence des états physiques cérébraux sur lesquels influent des causes mentales. Ainsi, dans le cadre du dualisme interactionniste contemporain, il y aurait un facteur mental, ignoré par la physique quantique, qui figurerait dans la détermination de ces probabilités.

On voit donc qu'il est inévitable que le dualisme interactionniste entre en conflit avec la physique contemporaine. Même si c'est une question ouverte de savoir s'il existe une unique théorie physique fondamentale et universelle, nous avons à notre disposition une théorie physique qui est applicable à tous les états physiques (au moins si l'on prend la notion de théorie physique au sens large de théorie des sciences naturelles). S'il y a des intentions mentales qui exercent une influence causale sur certains états physiques, il s'ensuit nécessairement que pour ces états physiques, les lois physiques n'indiquent pas les probabilités correctes.[10] Ainsi, dans le cadre d'un dualisme interactionniste, si j'ai l'intention, par exemple, de lever mon bras droit, les probabilités quant à l'occurrence d'états cérébraux de certains types (à savoir, ceux qui sont

---

[10] Voir Loewer (1996) et Esfeld (2000).

nécessaires pour que mon bras droit se lève) sont en fait différentes de ce qu'elles auraient été en l'absence de ce facteur mental – c'est-à-dire qu'elles sont différentes de celles que la théorie physique en question indique, théorie qui ne tient compte que de facteurs physiques.

Ce conflit n'aboutit pourtant pas directement à une contradiction entre le dualisme interactionniste et la physique contemporaine. Le principe de la complétude causale du domaine des états physiques n'est pas un principe physique, mais bien un principe philosophique. La physique, en tant que science naturelle, ne peut pas fixer elle-même les limites de son applicabilité. Il est en principe possible de maintenir que les sciences naturelles et leurs lois ne s'appliquent pas à certains états physiques (à savoir, certains états cérébraux) si l'on pense qu'il y a des interactions entre ces états physiques et des états non physiques (à savoir, des états mentaux).[11] En d'autres termes, il est en principe possible de soutenir que l'applicabilité de la physique atteint ses limites là où s'exerce l'influence des intentions mentales. Il faudrait ainsi développer une théorie psychophysique pour traiter les états physiques en question. Prendre cette voie ne semble cependant pas être une option sérieuse. Vu le succès de la physique contemporaine et celui que connaît l'investigation neuroscientifique du cerveau qui se base exclusivement sur les lois physiques, cette position paraît absurde.

En résumé, le dualisme interactionniste se trouve face à un dilemme : ou bien il maintient que les lois physiques ne donnent pas les probabilités correctes quant à l'occurrence de certains états *physiques*, ou bien il propose qu'il y a des états *physiques* auxquels les lois physiques ne s'appliquent pas. Le problème de la causalité mentale constitue l'objection la plus grave contre le dualisme interactionniste : d'abord, la façon dont des états mentaux – par définition non localisés dans l'espace – peuvent intervenir dans le monde physique en un lieu précis est absolument mystérieuse. De plus, même si l'on pouvait résoudre ce mystère, la solution entraînerait un conflit avec la physique, aboutissant au dilemme mentionné. Cette objection touche tous les types de dualisme interactionniste – le dualisme des substances ainsi que le dualisme des états ou celui des propriétés. Elle a pour conséquence que seule une petite minorité de philosophes contemporains soutient le dualisme interactionniste.

---

[11] Cf. Averill et Keating (1981) ainsi que Gillet (2006).

2.3 Résumé

Le dualisme avance que les états mentaux sont distincts des états physiques. Selon Descartes, les états mentaux et les états physiques constituent deux sortes de substances qui peuvent exister indépendamment l'une de l'autre. Même si l'on admet la possibilité métaphysique des âmes sans corps, il ne s'ensuit pourtant pas qu'il soit possible pour nos états mentaux d'exister sans nos états physiques. Par ailleurs, Descartes met en avant un dualisme interactionniste : il y a des relations causales entre des états mentaux et des états physiques. Notons que toute version du dualisme interactionniste entraîne un conflit avec la physique contemporaine.

2.4 Suggestions de lecture

Sur le dualisme interactionniste : Descartes, *Méditations touchant la première philosophie*, deuxième méditation §§ 1–8, sixième méditation §§ 9, 20–22.

2.5 Questions de contrôle

1) Quelle est la tâche que le dualiste doit accomplir pour établir sa position ?

2) Comment Descartes cherche-t-il à établir un dualisme des substances ?

3) Pourquoi n'est-il pas suffisant d'accepter la possibilité métaphysique des âmes sans corps pour établir le dualisme des substances ?

4) Quelle est la présupposition contestable dans l'argument de Descartes concernant le contenu de nos croyances ?

5) Qu'est-ce qu'une erreur de catégorie ?

6) Quelles sont les limites de la critique de Ryle ?

7) Comment des états mentaux qui ne sont pas localisés dans l'espace peuvent-ils exercer une influence sur des états physiques en un lieu précis ?

8) Comment Descartes cherche-t-il à éviter un conflit entre son dualisme interactionniste et les lois physiques ?

9) Concernant les propositions contemporaines de type cartésien, en quoi exactement ce conflit consiste-t-il ?
10) Quel est le dilemme auquel le dualisme interactionniste fait face ?
11) Les arguments provenant des sciences de la nature contemporaines réfutent-ils le dualisme interactionniste ? Quelle est votre opinion ?

2.6 Propositions de travail

- *L'argument de Descartes* : reconstruction exacte de l'argumentation métaphysique de Descartes en faveur du dualisme des substances, évaluation de la validité de cette argumentation. Littérature : Descartes, deuxième *Méditation*, §§ 1–8, sixième *Méditation*, § 9 ; secondes réponses aux *Objections contre les Méditations*, annexe, proposition quatrième ; Beckermann (1986), chapitres 2 et 3 ; Yablo (1990) ; Rozemond (1998), chapitre 1.
- *L'objection de l'erreur de catégorie* : explication de ce qu'est une erreur de catégorie, reconstruction de l'argument de Ryle, évaluation de la force probante de cet argument ainsi que de ses limites. Littérature : Ryle (1978), chapitre 1.
- *La causalité mentale et les lois physiques* : reconstruction du problème de la causalité mentale pour le dualisme interactionniste, considération de la question de savoir si un déterminisme physique a de l'importance pour ce problème, évaluation des propositions qui invoquent une physique probabiliste. Une connaissance minimale de la physique est souhaitable pour ce travail. Littérature : Averill et Keating (1981) ; Eccles (1994), chapitre 9 ; Loewer (1996) ; Esfeld (2000) ; Papineau (2002), appendice.

Chapitre 3

LE DUALISME SANS INTERACTION

But du chapitre : connaître les versions du dualisme sans interaction et comprendre leurs conséquences.

3.1 LE PARALLÉLISME PSYCHOPHYSIQUE (SPINOZA ET LEIBNIZ)

Il est possible de souscrire au dualisme mais de laisser tomber la proposition de la causalité mentale. Cela revient à abandonner la version interactionniste du dualisme. Baruch de Spinoza (1632–1677), qui a étudié et commenté des œuvres de Descartes, développe et soutient une telle position, notamment dans son *Éthique* (1677) (qui est surtout un traité de métaphysique), et Leibniz fait de même suite à sa critique du dualisme interactionniste de Descartes.[1] Comme Descartes, Spinoza et Leibniz maintiennent que les états mentaux ne sont pas des états physiques. Ils considèrent cependant qu'il est absurde de postuler l'existence d'une causalité mentale qui interviendrait au niveau de la causalité physique. Rejeter l'aspect interactionniste du dualisme leur permet d'accepter le principe de la complétude causale, nomologique et explicative du domaine des états physiques. En revanche, il leur incombe en retour de développer une théorie quant au lien qu'entretiennent les états mentaux et les états physiques, un lien qui doit donc être de nature non causale. La solution que proposent Spinoza et Leibniz est le *parallélisme psychophysique*.

Selon la position paralléliste, les états physiques causent uniquement des états physiques, et les états mentaux causent uniquement des états mentaux. Dès lors, en plus du principe de complétude causale, nomologique et explicative du domaine des états physiques, le parallélisme postule un principe de complétude causale, nomologique et explicative du domaine des états mentaux. Ce qui nous paraît de prime abord constituer un lien causal entre des états physiques et des états mentaux n'est en fait, selon cette position, qu'une relation de correspondance : à chaque

---

[1] Voir notamment Spinoza, *Éthique*, livre 2, propositions 1 à 13, et livre 3, proposition 2 ; Leibniz, *Théodicée*, première partie, §§ 59–62 ; *Monadologie*, § 80.

état mental correspond un état physique, et vice-versa. Par exemple, au désir de lever son bras droit correspond un certain état cérébral, et c'est cet état cérébral qui cause le fait que le bras est levé. Cette correspondance parfaite entre les états mentaux et les états physiques est assurée par Dieu. Leibniz parle d'harmonie préétablie. Notons que le parallélisme est un dualisme des propriétés ou des états, et non un dualisme des substances.

Le parallélisme psychophysique résout le problème de la philosophie de l'esprit de manière suivante :

(1) Les états mentaux ne sont pas des états physiques.

(Non 2) : Des états mentaux ne causent pas d'états physiques.

(3) Dans la mesure où les états physiques p ont des causes, sont soumis à des lois et peuvent être expliqués, alors tout état physique p a des causes physiques complètes, est soumis à des lois physiques complètes et possède une explication physique complète.

Il n'y a pas d'argument direct en faveur du parallélisme psychophysique. Il s'agit d'une construction philosophique motivée par les propositions qui veulent que (1) les états mentaux sont distincts des états physiques et que (2) il ne peut pas y avoir de lien causal entre des états de nature différente, étant donné (3) la complétude causale, nomologique et explicative du domaine des états physiques.

3.2 Les objections contre le parallélisme

Il y a deux objections principales contre le parallélisme :

1) *Le fait qu'il implique un panpsychisme* : Le parallélisme a non seulement pour conséquence qu'à chaque état mental correspond un état physique, mais encore qu'à chaque état physique correspond un état mental. Il aboutit dès lors au panpsychisme, position suivant laquelle toute matière possède des états mentaux.[2] Or, rien ne parle en faveur de l'attribution d'états mentaux à la matière inanimée. Quels seraient les états mentaux, par exemple, d'une pierre ou d'un électron ? On ne peut pas se tirer d'affaire en disant que la matière inanimée possède des états mentaux d'une nature différente des nôtres. Les états mentaux se définissent par des caractéristiques comme l'expérience vécue et l'intentionnalité. Il semble que ces traits présupposent une

---

[2] Voir Spinoza, *Éthique*, livre 2, proposition 13, scolie.

organisation physiologique complexe qu'on ne trouve sur Terre que chez des animaux évolués et les êtres humains. Le panpsychisme ne semble pas être une position qu'on peut sérieusement défendre de manière argumentée.[3]

2) *L'absence d'une psychologie complète* : D'après le parallélisme, un principe de complétude causale, nomologique et explicative s'applique aussi au domaine des états mentaux. Par conséquent, si les états mentaux n'ont que d'autres états mentaux comme causes, il devrait y avoir une psychologie complète – c'est-à-dire une psychologie qui explique tous les états mentaux en se référant uniquement à d'autres états mentaux. La science physique dont nous disposons est, elle, complète : tous les états physiques que sous sommes capables d'expliquer, nous pouvons les expliquer en ne faisant référence qu'à d'autres états physiques. La psychologie, par contre, recourt dans ses explications non seulement à des concepts mentaux, mais encore à des concepts physiques. Par exemple, c'est l'état physique d'avoir avalé un comprimé d'aspirine qui explique pourquoi le mal de tête de Marie disparaît. Nous n'avons aucun indice nous permettant de penser qu'il est possible d'établir une psychologie complète et qui n'ait donc pas besoin de recourir à des concepts physiques, y compris des concepts comportementaux. On comprend dès lors que la psychologie dépend de la physique (au sens large des sciences de la nature), tandis que la physique ne dépend pas de la psychologie.

En raison de ces deux objections fortes qu'on peut lui opposer, le parallélisme psychophysique n'est quasiment plus soutenu aujourd'hui.[4]

3.3 L'ÉPIPHÉNOMÉNISME

Dans la mesure où tant le dualisme interactionniste que le dualisme parallélisme doivent faire face à de graves objections, il peut être tentant de défendre un dualisme qui rejette à la fois la causalité mentale et le parallélisme psychophysique. Un tel dualisme est l'*épiphénoménisme*. Selon cette position, les états mentaux (1) ne sont pas des états physiques, (2) ils ont des causes physiques ou sont au moins déterminés par des états physiques, mais (3) ils ne peuvent rien causer eux-mêmes – ni d'états

---
[3]Cf. cependant Nagel (1979) / traduction française Nagel (1984), chapitre 13.
[4]Mais voir Ferber (2003), pp. 138–155.

physiques, ni d'autres états mentaux. Les états mentaux sont ainsi des épiphénomènes qui accompagnent certains états physiques. L'épiphénoménisme est un dualisme des états ou des propriétés au sens suivant : il avance que certains systèmes physiques ont non seulement des états ou des propriétés physiques, mais encore des états ou des propriétés mentaux. Ces derniers ne produisent pourtant aucun effet d'aucune sorte. La proposition de l'épiphénoménisme en philosophie moderne remonte à Thomas Henry Huxley (1825–1895) qui l'expose dans son article au sujet de l'hypothèse selon laquelle les animaux sont des automates (1874).[5]

À l'instar du parallélisme, l'épiphénoménisme accepte la première et la troisième des propositions qui constituent le problème de la philosophie de l'esprit et abandonne la deuxième. Cependant, contrairement au parallélisme, l'épiphénoménisme n'implique ni le panpsychisme, ni un principe de complétude causale, nomologique et explicative du domaine des états mentaux. Il évite l'échafaudage métaphysique que construit le parallélisme afin de pouvoir tenir compte des arguments en faveur de la causalité mentale. En revanche, l'épiphénoménisme laisse simplement tomber la proposition qui postule l'existence de la causalité mentale, sans tenir compte des bonnes raisons qui nous poussent à soutenir l'efficacité causale des états mentaux sur des états physiques et entre eux. Le problème avec l'épiphénoménisme, c'est qu'il ne permet pas de faire de distinctions entre les actions intentionnelles et le comportement corporel pur. Ainsi, par exemple, d'un point de vue épiphénoméniste il n'y a aucune différence entre la situation dans laquelle mon bras droit se lève suite à mon intention de le lever et celle dans laquelle mon bras droit se lève par pur réflexe corporel. De plus, l'épiphénoménisme ne dispose pas d'une réponse concluante à la question de savoir comment certains états physiques peuvent déterminer localement des états qui ne sont pas physiques et qui ne peuvent rien causer. Néanmoins, comme l'épiphénoménisme laisse tomber les encombrants bagages métaphysiques du parallélisme, on rencontre quelques défenseurs isolés de cette position en philosophie contemporaine.[6]

---

[5] Voir Huxley (1893), surtout pp. 240–246.
[6] Voir surtout Birnbacher (1990) et Bieri (1992).

3.4 La surdétermination

Il existe encore une autre version du dualisme qui est conceptuellement distincte de l'épiphénoménisme et qui n'est ni un parallélisme ni un dualisme interactionniste. Lors de la présentation du problème de la philosophie de l'esprit dans le premier chapitre de ce livre, on a mentionné le fait que la conjonction des principes (1), (2) et (3) constitue une contradiction si, et seulement si, on tient pour admis un quatrième principe, celui de l'absence de surdétermination régulière :

(4) *Si des états mentaux causent des états physiques, il n'y a pas de surdétermination causale régulière de ces états physiques par des causes physiques complètes et des causes mentales additionnelles.*

Par conséquent, il est possible de soutenir conjointement et sans contradiction les principes (1), (2) et (3) à condition de rejeter (4).[7] Autrement dit,

(1) Les états mentaux ne sont pas des états physiques,

(2) Des états mentaux causent des états physiques.

(3) Dans la mesure où les états physiques p ont des causes, sont soumis à des lois et peuvent être expliqués, alors tout état physique p a des causes physiques complètes, est soumis à des lois physiques complètes et possède une explication physique complète,

(Non 4) : Pour tous les états physiques p, si p a une cause mentale, p a en même temps également une cause physique complète qui est distincte de la cause mentale.

Une telle stratégie visant à permettre de défendre la cohérence de la conjonction de (1), (2) et (3) se heurte toutefois à de graves objections. Bien qu'on ne contredise pas formellement le principe (2) de la causalité mentale en admettant la surdétermination régulière des états physiques influencés par des états mentaux, on peut toutefois reprocher à cette stratégie le fait qu'elle aboutit à contredire la motivation qui fonde ce principe. En effet, si l'on accepte l'idée que pour tout effet comportemental qui possède une cause mentale, il y a également une cause physique complète, il faut alors conclure que l'existence de causes mentales n'introduit pas de différences réelles dans le monde : tout effet qui possède

---

[7] Voir surtout Mellor (1995), pp. 103–105, Mills (1996), Marcus (2001), Bennett (2003) et Loewer (2007).

une cause mentale aurait de toute manière été produit à l'identique si la causalité mentale n'existait pas.

Par conséquent, si cette position est conceptuellement distincte de l'épiphénoménisme dans la mesure où elle ne nie pas explicitement le principe (2) de la causalité mentale, on peut pourtant lui objecter que cette distinction n'est que formelle. En effet, il n'y a *de facto* pas de distinction entre ces deux positions : accepter l'épiphénoménisme ou la surdétermination revient au même dans la mesure où, selon ces positions, les états mentaux ne jouent aucun rôle causal qui leur est propre dans le fonctionnement du monde, la causalité physique étant suffisant à produire l'occurrence de tout ce qui le constitue.

Le problème de base pour la stratégie consistant à accepter une surdétermination régulière des états physiques influencés par des états mentaux en vue de résoudre le problème de la philosophie de l'esprit est le suivant : quelle que soit la théorie du rapport entre les états physiques et les états mentaux qu'on adopte et quelle que soit la théorie de la causalité qu'on soutient, si l'on admet le principe (3) de complétude du domaine physique, on accepte qu'il y a des lois physiques qui permettent en principe une explication et un calcul précis des causes physiques de l'occurrence de chaque effet physique (dans la mesure où il a des causes), tandis qu'il n'existe pas une telle complétude du domaine des états mentaux ; dès lors, si l'on admet le principe (1) de distinction entre états physiques et mentaux, la causalité mentale paraît être entièrement superflue.[8] En résumé, il semble que la position qui postule une surdétermination régulière des états physiques influencés par des états mentaux ne soit pas convaincante car elle n'est pas en mesure de fournir une réponse probante à la question suivante : étant donné que tous les états physiques ont des causes physiques complètes (dans la mesure où ils ont des causes), pourquoi les états mentaux agissent-ils comme des causes additionnelles de l'occurrence de certains états physiques ?

3.5 Résumé

Afin d'éviter le conflit avec la physique qu'entraîne le dualisme interactionniste, on peut adopter un dualisme sans interaction. Le parallélisme psychophysique et l'épiphénoménisme abandonnent le principe

---

[8] Voir Esfeld (2010).

de la causalité mentale pour des raisons purement philosophiques et se voient confrontés à des objections graves. En ce qui concerne la position qui accepte la surdétermination causale des états physiques influencés par des états mentaux, il n'est pas sûr qu'elle soit réellement distincte de l'épiphénoménisme.

3.6 Suggestions de lecture

Sur le parallélisme psychophysique : Spinoza, *Éthique*, livre 2, propositions 1 à 13, et livre 3, proposition 2 ; Leibniz, *Théodicée*, première partie, §§ 59–62.
Sur l'épiphénoménisme : Huxley (1893), pp. 240–246, et Bieri (1992).
Sur la surdétermination : Loewer (2007).

3.7 Questions de contrôle

1) Comment le parallélisme psychophysique cherche-t-il à compenser le fait qu'il réfute l'existence de la causalité mentale, qui nous paraît pourtant intuitivement évidente ?
2) Pourquoi le parallélisme psychophysique implique-t-il le panpsychisme ?
3) Pourquoi le parallélisme psychophysique entraîne-t-il la conséquence que la psychologie devrait être complète (au sens d'un principe de complétude causale, nomologique et explicative du domaine des états mentaux) ?
4) Qu'est-ce qu'un épiphénomène ?
5) Pourquoi l'épiphénoménisme est-il une version du dualisme ?
6) Comparez les points forts et les points faibles du parallélisme psychophysique avec ceux de l'épiphénoménisme.
7) Que veut dire la position de surdétermination ?
8) Cette position peut-elle tenir compte de la causalité mentale ?

3.8 Propositions de travail

– *Le panpsychisme, une position défendable ?* : discussion critique des arguments de Thomas Nagel (1984), chapitre 13, en faveur du panpsychisme.

- *Parallélisme et épiphénoménisme* : reconstruction de la réponse que donne le parallélisme psychophysique aux arguments en faveur de la causalité mentale, discussion des objections contre cette réponse et évaluation de l'issue possible de l'épiphénoménisme. Littérature : Spinoza, *Éthique*, livre 2, propositions 3 à 13, et livre 3, proposition 2 ; Leibniz, *Théodicée*, première partie, §§ 59–62 ; Huxley (1893), pp. 240–246 ; Bieri (1992).
- *La surdétermination* : présentation de la manière dont cette position cherche à tenir compte des principes (1), (2) et (3) ; discussion de la question de savoir si cette position rend justice à la causalité mentale. Littérature : Mills (1996) ; Marcus (2001) ; Bennett (2003) ; Loewer (2007) ; Esfeld (2010).

Chapitre 4

LA SURVENANCE PSYCHOPHYSIQUE

But du chapitre : saisir la notion de survenance psychophysique, sa motivation principale et ses limites ; comprendre l'argument central en faveur de la théorie de l'identité psychophysique.

4.1 Le point de départ de la discussion actuelle

Croire que nos états mentaux ont un effet sur notre comportement est un élément central de la conception que nous nous faisons de nous-mêmes en tant qu'êtres humains. En effet, nous avons tendance à penser qu'une bonne partie de notre comportement – y compris et notamment les énoncés que nous produisons – possède des causes mentales. Laisser tomber la proposition de la causalité mentale (la deuxième proposition qui compose le problème de la philosophie de l'esprit tel qu'il est exposé dans le premier chapitre de ce livre) reviendrait tout bonnement à abandonner la conception que nous avons de nous-mêmes selon laquelle nous sommes des êtres doués de sensations, pensants et agissants dans le monde, et cela pour des motivations purement théoriques, comme on l'a vu lorsque nous discutions le parallélisme psychophysique et l'épiphénoménisme au chapitre précédent. Pour cette raison, la proposition de la causalité mentale est considérée comme indispensable par la vaste majorité des philosophes. Voici comment Jerry Fodor (*1931) expose ce point :

> « ... s'il n'est pas littéralement vrai que mon désir est causalement responsable de mon acte d'atteindre ce que je désire, et que ma démangeaison est causalement responsable de l'acte de me gratter, et que ma croyance est causalement responsable de mon énonciation ... si aucune de ces choses n'est vraie littéralement, alors pratiquement tout ce que je crois au sujet de n'importe quoi est faux ; et c'est la fin de l'histoire. » (Fodor (1989), p. 77 ; traduction de l'anglais par David Stauffer)

La question qui est au centre de la philosophie de l'esprit est donc de savoir comment on peut soutenir que nos états mentaux peuvent avoir des effets physiques malgré ce que nous apprennent les sciences de la nature au sujet du domaine des états physiques. Autrement dit, le défi à relever en philosophie de l'esprit est celui de proposer une conception intelligible de la causalité mentale qui n'entre pas en conflit avec les connaissances des sciences de la nature contemporaines.

La troisième proposition du problème de la philosophie de l'esprit tel que nous l'avons exposé au début de ce livre, soit le principe de la complétude causale, nomologique et explicative du domaine des états physiques, saisit ce que les sciences de la nature nous apprennent d'essentiel pour le débat en philosophie de l'esprit. si l'on abandonne cette proposition, on se retrouve face au dilemme exposé au point 2 du chapitre 2. Or, au lieu de tendre à entériner un conflit entre, d'un côté, les résultats des sciences de la nature et, de l'autre, notre appréhension naïve de la relation corps-esprit, la tâche de la philosophie est bien plutôt d'analyser de manière argumentée les conceptions préphilosophiques que nous avons de nous-mêmes en vue de développer une position qui, tout en leur rendant justice, mette de telles conceptions en rapport avec ce que nous savons du monde. En d'autres termes, un but important de la philosophie est de montrer comment nous autres, êtres dotés de sensations, pensants et agissants, pouvons nous comprendre comme faisant partie du monde naturel. Pour cette raison, la vaste majorité des philosophes contemporains qui travaillent dans le domaine de la philosophie de l'esprit considèrent les deuxième et troisième propositions qui composent le problème de la philosophie de l'esprit comme non négociables.

En plus de leur reconnaître une efficacité causale sur le monde physique, l'expérience que nous avons de nos propres états mentaux nous pousse à leur attribuer deux autres traits encore : ils nous apparaissent sous la forme d'expériences vécues (*qualia*) et dotés d'une intentionnalité. Le fait incontesté que nous expérimentons nos états mentaux différemment que les états physiques ne suffit pourtant pas pour pouvoir avancer que les états mentaux sont distincts des états physiques. Il s'agit là d'une question théorique d'ordre philosophique ou métaphysique qu'on ne peut pas trancher sur la seule base de notre expérience ordinaire. En effet, si nous décrivons et nous accédons bien à nos états mentaux différemment que nous décrivons et que nous accédons aux états physiques (y compris cérébraux), cela ne tranche pas la question de savoir s'il s'agit là de deux types d'états réellement distincts ou si nous n'avons affaire qu'à deux types distincts d'accès épistémiques à une seule et même réalité. Pour cette raison, la première proposition qui compose le problème de la philosophie de l'esprit est considérée comme négociable : il appartient à la réflexion philosophique de la trancher. Par conséquent, si l'on se propose de défendre le principe de distinction entre les états mentaux et les états physiques, on ne peut pas le faire en se basant uniquement sur le fait que nous expérimentons différemment ces états, encore faut-il argumenter en faveur d'une telle distinction, comme nous avons vu que Descartes l'avait fait – bien que son argumentation soit considérée comme fallacieuse, malgré tout ce qu'elle a d'ingénieux (voir 2.1 ci-dessus).

Le point de départ de la discussion actuelle en philosophie de l'esprit se présente dès lors de la façon suivante : étant donné le principe de la complétude causale, nomologique et explicative du domaine des états physiques, il faut élaborer une conception du rapport corps-esprit qui tienne compte de la causalité mentale et qui respecte les traits caractéristiques des états mentaux sans en tirer la conclusion que les états mentaux ne sont pas des états physiques – conclusion qui, comme nous l'avons vu, conduit à une aporie. En d'autres termes, afin de résoudre le problème de la philosophie de l'esprit, il faut modifier, voire abandonner, la première proposition qui le compose. La question est de savoir comment on peut le faire sans perdre les traits caractéristiques des états mentaux, c'est-à-dire comment on peut mettre en avant une théorie convaincante de l'expérience vécue et des états intentionnels en abandonnant le principe qui postule une distinction entre les états mentaux et les états physiques.

4.2 LA SURVENANCE PSYCHOPHYSIQUE GLOBALE

S'il existe un principe de complétude causale, nomologique et explicative s'appliquant au domaine des états physiques, ce n'est pas le cas pour le domaine des états mentaux. Certains états mentaux ont uniquement des causes physiques, et le corpus des lois et des explications qui se rapportent aux états mentaux fait donc inévitablement référence à des états physiques (voir la deuxième objection contre le parallélisme sous 3.2 ci-dessus). Par conséquent, les états mentaux sont, d'une certaine manière, dépendants des états physiques. De plus, les états mentaux se sont développés à partir des états physiques. Il n'y a pas de discontinuité dans la nature ; la théorie biologique de l'évolution que nous devons initialement à Charles Darwin (1809–1882) suggère une transition continue de la matière inanimée aux êtres vivants simples ou extrêmement complexes, comme l'est l'être humain.

Comment peut-on préciser cette idée de dépendance des états mentaux par rapport aux états physiques ? La notion de dépendance est une notion modale, portant sur ce qui est possible et ce qui est nécessaire. En philosophie contemporaine, on analyse les propositions modales en termes de mondes possibles. Un monde possible est une manière d'être complète des choses. Une manière d'être des choses est dite complète si, et seulement si, elle détermine pour chaque proposition si oui ou non elle est vraie selon cette manière d'être des choses. si l'on recourt à l'outil conceptuel des mondes possibles, on peut mettre en avant la thèse suivante eu égard à la dépendance des états mentaux par rapport au domaine des états physiques :

La dépendance des états mentaux :
Chaque monde possible qui est un double physique *minimal* du monde réel est un double *parfait et complet* du monde réel.

Cette thèse veut dire la chose suivante si l'on la considère au niveau des états physiques fondamentaux : si nous imaginons que nous produisions un double, une copie de la totalité des états physiques fondamentaux de notre monde tels qu'ils y sont distribués – au sens où l'on dupliquerait uniquement la distribution entière des états physiques fondamentaux de notre monde sans y ajouter quoi que ce soit –, créant ainsi un double physique *minimal* du monde réel, alors nous obtiendrions comme résultat que *tout* ce qui existe dans le monde réel – y compris les personnes et leurs états mentaux – serait dupliqué. Il s'agit, bien sûr, d'une thèse entièrement modale. En effet, on ne peut évidemment pas réellement produire un double de notre monde.

Cette thèse propose un type de dépendance des états mentaux par rapport aux états physiques connu sous le nom de *survenance*. Plus précisément, il s'agit là d'une survenance *globale*, s'appliquant au monde entier. Avec la thèse de la survenance psychophysique, on cherche à proposer une conception de la dépendance des états mentaux par rapport aux états physiques qui soit plus générale que la dépendance causale. Il s'agit d'une dépendance ontologique ou métaphysique : l'existence de tous les états physiques qui composent le monde réel implique celle de tous les états mentaux qui s'y trouvent.[1] Dès lors, dans le cadre de cette conception, on considère que les états physiques constituent la *base de survenance* des états mentaux et que ces derniers *surviennent* sur les premiers.

Néanmoins, il s'agit d'une thèse contingente dans la mesure où elle prend le monde réel comme point de départ, et non n'importe quel monde possible. En effet, elle avance que tout monde possible qui est indiscernable du monde réel eu égard au domaine physique (*A*) contient nécessairement tous les états mentaux qui existent dans le monde réel (*B*) (*A* implique *B*). Selon cette thèse, si dans un monde possible ne se trouvent pas les mêmes états mentaux que ceux qui existent dans le monde réel (non *B*), alors le monde possible en question diffère aussi nécessairement du monde réel quant aux états physiques (non *A*) (non *B* implique non *A*, par *modus tollens*). Dans dans la mesure où *B* n'implique pas *A*, cette thèse autorise pourtant la situation dans laquelle on retrouve la même distribution des états mentaux dans un monde possible que dans le monde réel, alors même qu'il existe une différence physique entre ces deux mondes. Finalement, cette thèse n'autorise aucune déduction quant aux états mentaux qui peupleraient un monde possible dont les états physiques différeraient de ceux du monde réel (elle ne permet aucune déduction si non *A*). Par conséquent, cette thèse admet la possibilité de ce qu'au point 1 du chapitre 2 on a concédé comme étant concevable et métaphysiquement possible, à savoir l'existence d'âmes sans corps.

Cette thèse de la survenance psychophysique exclut le dualisme interactionniste car, suivant l'interactionnisme, les causes mentales sont indépendantes de la distribution des états physiques. Par conséquent, dans le cadre de l'interactionnisme, si l'on crée un double des états physiques du monde réel, on ne reproduit pas pour autant les états mentaux. Cette thèse peut aussi exclure le parallélisme psychophysique. En effet, selon le parallélisme, la survenance est réciproque : les états mentaux surviennent sur les états physiques, mais les états physiques surviennent aussi sur les états mentaux. Dès lors, afin de s'assurer de l'exclusion du

---

[1] Voir Jackson (1998b), pp. 9–14, et Chalmers (1996), pp. 32–42.

parallélisme, on peut postuler de manière explicite que la survenance est asymétrique, à savoir que les états mentaux surviennent sur des états physiques mais que l'inverse n'est pas vrai. En revanche, cette thèse de la survenance n'est incompatible ni avec la thèse épiphénoméniste, ni avec celle de la surdétermination. Pour mémoire, suivant l'épiphénoménisme les états physiques déterminent les états mentaux, ceux-ci étant distincts des états physiques, mais les états mentaux ne causent rien (ou, suivant la thèse de la surdétermination, ne causent rien qui ne possède également des causes physiques complètes). Par conséquent, dans le cadre de ces deux thèses, si l'on dupliquait le domaine des états physiques du monde réel, on dupliquerait aussi celui des états mentaux. La thèse de la survenance psychophysique prise toute seule ne se prononce pas sur la question de savoir si les états mentaux sont identiques à des états physiques ou s'ils en sont distincts. Pour cette raison, elle n'exclut pas toute position dualiste.

4.3 LA SURVENANCE PSYCHOPHYSIQUE LOCALE

La thèse de la survenance psychophysique globale exprime une manière dont on peut concevoir la dépendance de la totalité du domaine des états mentaux par rapport à la totalité du domaine des états physiques. En tant que thèse de survenance *globale*, elle ne postule pourtant aucune dépendance entre des états mentaux spécifiques et des états physiques déterminés. Cette thèse à elle seule ne permet pas, par exemple, d'établir une corrélation entre certains des états cérébraux d'une personne et ses états mentaux. Afin de concevoir une telle dépendance spécifique, il faut voir du côté des thèses de survenance *locale*.

Une façon de concevoir une telle thèse consiste à appliquer la notion de survenance aux états physiques et aux états mentaux de n'importe quel couple d'individus : par exemple, si deux personnes *A* et *B* sont indiscernables quant à leurs états physiques, alors *B* possède aussi tous les états mentaux que possède *A*. En d'autres termes, si l'on faisait une copie parfaite des états physiques de Pierre, on aurait aussi produit une copie de tous ses états mentaux. Nous pouvons donc formuler l'idée de la survenance psychophysique locale de la façon suivante :

L'idée de la survenance psychophysique locale :
Pour tous les individus x_1 et x_2, si tous les états physiques de l'individu x_2 sont les mêmes que les états physiques de l'individu x_1, alors x_2 possède aussi tous les états mentaux que possède x_1.

Encore faut-il préciser ce qu'on entend ici par « états physiques ». Dans le cadre de cette thèse, il suffit de dire qu'il s'agit des états physiques internes des individus, à savoir ceux qui ne consistent pas en des relations avec l'environnement. Les états cérébraux sont un exemple paradigmatique de tels états internes. Notons que, comme c'était le cas avec la thèse de la survenance globale, la thèse de la survenance psychophysique locale est une thèse contingente : elle prend un individu x_1 comme point de départ (qui peut être un individu quelconque) et s'applique à tous les individus qui sont des doubles physiques exacts de x_1.

Il est important de voir que cette idée de survenance locale n'est pas encore assez précise dans la mesure où elle est passible de deux interprétations différentes : une interprétation faible et une interprétation forte. L'interprétation faible dit ceci :

La survenance psychophysique faible :
Les états mentaux surviennent sur des états physiques de manière faible si, et seulement si, la condition suivante est satisfaite par tous les individus x_1 et x_2 dans tous les mondes possibles m : si dans le monde m tous les états physiques de l'individu x_2 sont les mêmes que les états physiques de l'individu x_1, alors x_2 possède aussi tous les états mentaux que possède x_1.

Le caractère faible de cette interprétation de la thèse de la survenance locale consiste en ce qu'elle n'inclut aucune proposition comparant des mondes possibles différents. Cette thèse n'exclut ainsi pas la possibilité qu'il existe un monde possible où les états physiques sont distribués de la même manière que dans le monde réel, mais dans lequel il n'y a pas les mêmes états mentaux que dans le monde réel – les états mentaux peuvent y être distribués d'une manière entièrement différente de la façon dont ils le sont dans le monde réel, voire même être absents. Pour cette raison, afin d'arriver à une thèse de survenance qui possède un contenu substantiel, il faut mettre en avant une conceptualisation plus forte que la survenance locale faible :

> *La survenance psychophysique forte :*
> Les états mentaux surviennent sur des états physiques de manière forte si, et seulement si, la condition suivante est satisfaite pour tous les individus x_1 et x_2 dans tous les mondes possibles m_1 et m_2 : si tous les états physiques de l'individu x_2 dans le monde m_2 sont les mêmes que les états physiques de l'individu x_1 dans le monde m_1, alors x_2 dans m_2 possède aussi tous les états mentaux que possède x_1 dans m_1.

Le caractère fort de cette interprétation de la survenance locale consiste en ceci : en mettant en relation des individus dans des mondes possibles différents, cette thèse exclut l'existence de mondes possibles où les états physiques sont distribués de la même manière que dans le monde réel, mais dans lesquels les états mentaux diffèrent de ceux qui existent dans le monde réel.[2]

Les différentes versions de la thèse de la survenance psychophysique ne constituent qu'un point de départ pour la philosophie de l'esprit.[3] En effet, si la thèse de la survenance propose une certaine manière de concevoir la façon dont les états mentaux dépendent des états physiques, elle ne l'explique pas. Pour mettre ce point en évidence, revenons à la thèse de la survenance psychophysique globale que nous avons présentée ci-dessus. Cette thèse avance que la distribution des états physiques fondamentaux constitue le niveau fondamental du monde. Une théorie physique fondamentale et universelle peut nous fournir, en principe, une description complète des entités microphysiques qui composent ce niveau. La question est de savoir de quelle façon exactement les autres entités qui existent dans le monde – les organismes, les états mentaux, etc. – entrent dans cette vision du monde. La thèse de la survenance nous dit que le niveau physique fondamental, en tant que base de survenance,

---

[2] Pour une discussion des différentes notions de survenance, voir Horgan (1993), § 5, et Kim (1993a), chapitres 4 et 5 (« Concepts of supervenience » et « 'Strong' and 'global' supervenience revisited »).

[3] Cf. Kim (1998), pp. 9–19 / traduction française Kim (2006), pp. 37–49.

nécessite tout ce qui peuple le monde réel, mais elle ne fournit aucune explication quant à la façon dont cette nécessitation est réalisée.

4.4 L'ARGUMENT EN FAVEUR DE L'IDENTITÉ PSYCHOPHYSIQUE

Le fait que la thèse de la survenance psychophysique ne constitue qu'un point de départ pour la discussion vaut aussi pour le thème de la causalité mentale. En effet, la thèse de la survenance ne se prononce pas du tout sur la question de savoir comment les états mentaux peuvent avoir un effet sur le comportement. Par ailleurs, elle ne dit rien non plus au sujet de la première proposition qui compose le problème de la philosophie de l'esprit, soit celle qui opère une distinction entre les états mentaux et les états physiques. En effet, cette thèse est compatible tant avec l'épiphénoménisme (qui accepte cette première proposition) qu'avec la théorie de l'identité psychophysique (qui la rejette).

Concernant le problème de la causalité mentale, on a jusqu'à présent discuté trois solutions possibles :
- *Le dualisme interactionniste* : Cette solution abandonne le principe de la complétude causale du domaine des états physiques. Elle contredit la thèse de la survenance psychophysique. Elle aboutit au dilemme expliqué au point 2 du chapitre 2.
- *Le parallélisme psychophysique et l'épiphénoménisme* : Ces positions résolvent le problème en niant simplement le principe de la causalité mentale. Elles contredisent ainsi un aspect central de la conception que nous nous faisons de nous-mêmes en tant qu'êtres humains (voir 3.1, 3.2, 3.3 et 4.1).
- *La surdétermination régulière* : Cette solution accepte les trois propositions qui constituent le problème de la philosophie de l'esprit. Ceci est possible à condition de maintenir que tous les effets que produisent les causes mentales possèdent aussi des causes physiques complètes. Le problème principal pour cette position est de rendre plausible l'existence de telles causes mentales, distinctes des causes physiques, mais qui ne peuvent produire que des effets qui sont en même temps aussi produits par des causes physiques complètes (voir 3.4).

Ainsi, ces solutions avancées en vue de résoudre problème de la philosophie de l'esprit s'exposent toutes trois à de graves objections. Dès lors, elles ne semblent pas convaincantes, la seule possibilité qui reste ouverte pour résoudre le problème de la causalité mentale est de soutenir que les causes mentales sont *identiques* à des causes physiques. Dans ce cas, les causes mentales font partie des causes physiques : certaines causes physiques sont des causes mentales, parce que certains états physiques sont des états mentaux. Étant donné qu'on considère que les causes sont des états et qu'on conçoit un état comme étant une occurrence individuelle d'une propriété (cf. point 1.1), il est dépourvu de sens de poser la question de savoir si la cause produit ses effets en tant que cause mentale ou en tant que cause physique. si l'on identifie les causes mentales avec des causes physiques, on identifie les états mentaux avec des états physiques. Or, s'il y a identité entre ces états – au sens d'occurrences individuelles de propriétés –, les états mentaux font partie du domaine des états physiques. En bref, il n'y a pas de distinction *réelle* entre les états mentaux et des états physiques, mais uniquement une distinction *conceptuelle* provenant du fait que notre accès épistémique à nos états mentaux est distinct de notre accès épistémique aux états physiques – états cérébraux compris.

La théorie de *l'identité psychophysique* consiste donc à laisser tomber la première proposition du problème de la philosophie de l'esprit en vue de le résoudre :

(Non 1) Les états mentaux sont des états physiques.

(2) Des états mentaux causent des états physiques.

(3) Dans la mesure où les états physiques p ont des causes, sont soumis à des lois et peuvent être expliqués, alors tout état physique p a des causes physiques complètes, est soumis à des lois physiques complètes et possède une explication physique complète.

La théorie de l'identité psychophysique en philosophie moderne tire son origine de Thomas Hobbes (1588–1679). L'argument principal de Hobbes en faveur de cette position est que (1) le mouvement ne peut produire que du mouvement et que (2) le mouvement ne peut être produit que par du mouvement.[4] Hobbes oppose sa théorie au dualisme des substances de Descartes.[5] On trouve donc déjà chez Hobbes l'argument de la causalité mentale pour défendre la thèse de l'identité psychophy-

---

[4] Voir notamment *Du corps*, chapitre 25, et *Leviathan*, chapitre 1.

[5] Voir *Troisièmes objections contre les Méditations de Descartes*, deuxième objection.

sique : la causalité mentale n'est intelligible que si les causes mentales sont identiques à des causes physiques. Aujourd'hui, cet argument est la raison d'être centrale de la théorie de l'identité, étant donné le principe de la complétude causale, nomologique et explicative du domaine des états physiques (qui, à son tour, constitue l'argument principal en faveur de la thèse de la survenance psychophysique).[6]

La théorie de l'identité psychophysique est une forme de matérialisme en philosophie. Aujourd'hui, on parle cependant de *physicalisme*, car la conception scientifique du domaine physique a beaucoup changé depuis le 17e siècle. Toutefois, en postulant simplement *que* les états mentaux sont identiques à certains états physiques pour rendre intelligible la causalité mentale, on ne montre pas *comment* les états mentaux peuvent être identiques à des états physiques tout en conservant leurs traits caractéristiques (expérience vécue et intentionnalité). Dès lors, les différentes versions de la théorie de l'identité psychophysique qui ont été développées durant la deuxième moitié du 20e siècle cherchent à répondre à cette question. On abordera ces différentes versions à partir du prochain chapitre.

4.5 Résumé

Suivant la thèse de la survenance psychophysique globale contingente, chaque monde possible qui est un double physique *minimal* du monde réel est un double *parfait* et *complet* du monde réel. Les thèses de survenance locale cherchent à établir un lien de survenance entre les états physiques et les états mentaux d'une personne. Les différentes versions de la thèse de la survenance psychophysique ne constituent qu'un point de départ pour la discussion en philosophie de l'esprit. Cette thèse ne résout notamment pas le problème de la causalité mentale. Le fait qu'abandonner le principe de distinction entre les états mentaux et les états physiques permet de résoudre le problème de la causalité mentale en respectant le principe de la complétude causale du domaine physique constitue l'argument principal en faveur de la théorie de l'identité psychophysique.

---

[6]Voir notamment Kim (1998) / traduction française Kim (2006), chapitres 1 et 4, ainsi que Papineau (2002), chapitre 1.

4.6 Suggestions de lecture

Sur la survenance psychophysique globale : Jackson (1998b), pp. 8–14 et 24–27.

Sur les différentes notions de survenance : Horgan (1993), Kim (1993a), chapitres 4 et 5.

Sur le problème de la causalité mentale comme argument en faveur de la théorie de l'identité psychophysique : Kim (2006), chapitres 1 et 4, Papineau (2002), chapitre 1.

4.7 Questions de contrôle

1) Quels sont les arguments qui poussent à considérer comme non négociables les deuxième et troisième propositions du problème de la philosophie de l'esprit, contrairement à la première proposition ? Quelle est votre opinion sur ce point ?
2) Quelle est l'idée de la survenance psychophysique globale ?
3) Pourquoi la thèse de la survenance globale est-elle contingente ?
4) Quel est le point faible de la survenance psychophysique globale ?
5) Quelle est l'idée de la survenance psychophysique locale ?
6) Quelle est la différence entre la survenance faible et la survenance forte ?
7) Pourquoi la thèse de la survenance psychophysique ne résout-elle pas le problème de la causalité mentale ?
8) Parmi les quatre types de solutions avancés pour résoudre le problème de la causalité mentale, lequel préférez-vous et pour quelles raisons ?

4.8 Propositions de travail

- *La survenance psychophysique globale* : reconstruction des arguments en faveur de la survenance globale et évaluation de la portée de cette thèse. Littérature : Chalmers (1996), pp. 32–42 ; Jackson (1998b), chapitre 1 ; Kim (2006), pp. 37–49.
- *La survenance faible et la survenance forte* : comparaison de ces deux manières de concevoir la survenance locale, discussion de leurs motivations et de leurs conséquences. Littérature : Horgan (1993), § 5 ; Kim (1993a), chapitre 4.

- *Le problème de la causalité mentale comme argument en faveur de la théorie de l'identité psychophysique* : reconstruction du problème et discussion de la solution qu'apporte la théorie de l'identité. Littérature : Kim (2006), chapitres 1 et 4, et Kim (2005), chapitre 2, ainsi que Papineau (2002), chapitre 1.
- *La discussion entre Hobbes et Descartes* : reconstruction et évaluation des arguments que présente Hobbes contre le dualisme de Descartes. Littérature : Descartes, *Troisièmes objections contre les Méditations*, deuxième objection et la réponse de Descartes, ainsi que Descartes, deuxième *Méditation*, §§ 1–8, sixième *Méditation*, § 9, et Hobbes, *Du corps*, chapitre 25.

Chapitre 5

LA THÉORIE DE L'IDENTITÉ PSYCHOPHYSIQUE

But du chapitre : connaître les différentes versions de la théorie de l'identité psychophysique, leurs implications principales et les objections qu'on peut leur adresser ; saisir le fil conducteur qui existe entre ces versions.

5.1 Le physicalisme sémantique : le behaviourisme logique

La théorie de l'identité psychophysique a pris son essor à partir des années 1940. La première forme qu'a revêtue cette théorie au 20e siècle est celle du behaviourisme logique. Le behaviourisme est avant tout un mouvement en psychologie qui date des années 1920 (mouvement initié notamment par John Broadus Watson (1878–1958) et Burrhus Frederic Skinner (1904–1990)). Il atteint l'apogée de son influence en philosophie dans les années 1950. L'idée centrale du behaviourisme est que l'on peut et doit décrire et expliquer les conduites des individus en observant leur comportement uniquement. Cette position revient donc à renoncer à utiliser des concepts mentaux pour rendre compte des conduites individuelles. Par « comportement », on désigne dans le cadre du behaviourisme exclusivement les mouvements corporels entièrement descriptibles dans un vocabulaire physique. Ainsi, si l'on dit de quelqu'un qu'il est en train de « libeller un chèque », par exemple, cette description ne compte pas comme une description du comportement en ce sens restreint, car elle contient un vocabulaire mental caché : elle réfère implicitement à certaines croyances, à certains désirs et à certaines connaissances des institutions sociales ; elle ne se contente donc pas d'énoncer quels mouvements corporels accomplit la personne dont on cherche à décrire le comportement.

Il faut distinguer la version méthodologique du behaviourisme – qui prescrit à la psychologie de se limiter à l'étude du seul comportement des individus en vue de décrire et d'expliquer leurs conduites – de sa version logique ou sémantique. Selon cette dernière version, les propositions qui contiennent des concepts mentaux décrivent des dispositions comportementales (si elles ne sont pas dépourvues de sens). Par exemple, la proposition « Marie ressent une douleur » décrit le comportement affiché par Marie quand elle ressent une douleur.

Le behaviourisme logique est aussi connu sous le nom de physicalisme sémantique, parce que, suivant le behaviourisme logique, la position physicaliste selon laquelle les états mentaux sont identiques à des états physiques est fondée sur des raisons sémantiques : les concepts mentaux sont des concepts décrivant des dispositions comportementales. En d'autres termes, le contenu des concepts mentaux est le même que le contenu de certains concepts de dispositions comportementales. Par conséquent, les états mentaux sont identiques à des états physiques de dispositions comportementales. Le physicalisme sémantique est cependant une position plus large : même si l'on défend la théorie de l'identité psychophysique sur la base d'arguments sémantiques, on n'est pas obligé d'identifier tous les états mentaux à des états comportementaux – il peut y avoir d'autres états physiques auxquels les états mentaux sont identiques. Néanmoins, le behaviourisme logique est la version la plus répandue du physicalisme sémantique. On peut caractériser cette version par les trois thèses suivantes :

1) Chaque type d'état mental est identique à un type d'état physique comportemental. Ces états physiques sont des états macroscopiques que quiconque, sans formation spéciale, peut observer.

2) Cette identité s'établit *a priori* au moyen d'une analyse sémantique. Elle ne résulte pas de recherches empiriques, mais découle des conditions dans lesquelles les propositions employant des concepts mentaux possèdent une signification. Les concepts mentaux n'ont de contenu qu'en étant identiques à des concepts physiques. Établie sur la base d'un raisonnement sémantique, cette identité est nécessaire au sens suivant : tous les types d'états mentaux dans tous les mondes possibles sont identiques à des types d'états physiques. Il n'est pas possible qu'il y ait des concepts mentaux qui décrivent autre chose que des états physiques. Un monde cartésien dans lequel il y a des esprits sans corps n'est donc même pas un monde métaphysiquement possible (voir 2.1).

3) Par conséquent, il est possible de traduire chaque concept mental en des concepts physiques. On peut dès lors réduire toutes les propo-

sitions qui contiennent des concepts mentaux à des propositions qui n'emploient que des concepts physiques.

On peut préciser la thèse sémantique qui est au centre du behaviourisme logique de la manière suivante : pour tous les concepts (prédicats) mentaux M et pour tous les individus x, il est possible d'analyser la proposition

« x est M »

par une proposition complexe de la forme suivante :

« S'il y avait les conditions physiques P_1, x manifesterait le comportement C_1, s'il y avait les conditions physiques P_2, x manifesterait le comportement C_2, ... s'il y avait les conditions physiques P_n, x manifesterait le comportement C_n. »

De cette manière, on vise à réduire une proposition comme « Marie ressent une douleur » à une proposition complexe qui décrit des dispositions comportementales de Marie. Il en va de même pour des propositions qui attribuent des états intentionnels à des personnes : on cherche, par exemple, à analyser une proposition du type « Marie croit que p » ou du type « Marie désire que p » par une proposition décrivant des dispositions comportementales de Marie.

Une motivation importante pour le behaviourisme logique est l'argument que développe Ludwig Wittgenstein (1889–1951) dans les *Investigations philosophiques* (1953) contre la possibilité d'un langage privé (voir §§ 243–308). Wittgenstein propose, en bref, que le contenu de nos concepts consiste en la manière dont ils sont employés dans un langage public. Par conséquent, les concepts mentaux comme « douleur », par exemple, ne possèdent de contenu que dans la mesure où il existe des conditions publiques régissant leur emploi. Il n'est dès lors pas possible qu'il existe des concepts qui se réfèrent à des états mentaux dont on suppose qu'ils sont uniquement accessibles par introspection.

L'argument de Wittgenstein contre le langage privé est largement reconnu. Cet argument a pour conséquence qu'il n'est pas possible de maintenir une certaine interprétation de la thèse selon laquelle chacun possède un accès privilégié à ses propres états mentaux (voir 1.2) : cet accès n'est pas privé dans le sens où il impliquerait des concepts privés, et il n'est pas infaillible. En effet, comme chaque concept possède des critères publics d'application, il est possible pour un individu de se tromper dans la qualification d'un de ses propres états mentaux – c'est-à-dire qu'il peut penser que les conditions d'application d'un concept en fonction de la situation sont satisfaites, alors que tel n'est pas le cas. Il est à souligner qu'accepter l'argument contre le langage privé ne contraint nullement à adhérer au behaviourisme. Wittgenstein lui-même refusait de s'associer à ce courant.[1] Les concepts mentaux ont des conditions d'application publiques, mais il ne s'ensuit pas que le contenu des concepts mentaux doive être identique au contenu de certains concepts physiques.

À côté de l'argument de Wittgenstein contre le langage privé, un autre argument est mis en avant pour défendre le behaviourisme logique : il s'agit de la critique de l'erreur de catégorie qu'adresse Ryle au dualisme cartésien (voir 2.1). Ryle, contrairement à Wittgenstein, est lui un des partisans les plus importants du behaviourisme.[2] L'objection d'erreur catégorielle s'adresse au dualisme des substances, mais elle ne suffit pas pour ébranler n'importe quelle sorte de dualisme – mais encore moins pour établir le behaviourisme logique.

Afin de défendre le behaviourisme logique, il faut introduire un argument supplémentaire. On trouve un tel argument chez Carl Gustav Hempel (1905–2001), dans un article sur *L'analyse logique de la psychologie* qui date de 1935 déjà. On peut reconstruire cet argument de la façon suivante :

1) La signification de chaque proposition consiste en ses conditions de vérification, c'est-à-dire les conditions par lesquelles on établit qu'une proposition déterminée est vraie ou non.

2) Les conditions de vérification de chaque proposition sont publiquement observables.

3) Seul le comportement, abordé par le biais de concepts physiques, est publiquement observable.

Il s'ensuit que

---

[1] Voir, par exemple, *Investigations philosophiques*, § 307.
[2] Voir Ryle (1949) / traduction française Ryle (1978), surtout chapitre 10.

4) On peut décrire la signification de chaque proposition qui contient des concepts mentaux en employant des propositions qui n'utilisent que des concepts physiques décrivant le comportement.

Cet argument est contestable. Premièrement, le behaviourisme logique présuppose une sémantique vérificationniste (1). Cette sémantique fut mise en avant par le courant de l'empirisme logique – dont faisait partie Hempel – dans les années 1920. Il est pourtant largement reconnu en philosophie du langage, depuis quelques décennies déjà, qu'il n'est pas plausible d'identifier la signification d'une proposition à ses conditions de vérification. De plus, même si l'on accepte la sémantique vérificationniste, l'argument n'est pas convaincant : on peut contester l'affirmation qui veut que seul le comportement décrit avec des concepts physiques est publiquement observable (3). Il n'y a dès lors pas d'argument concluant en faveur du behaviourisme logique.

5.2 L'objection contre le physicalisme sémantique

En fait, il existe une objection forte qui réfute non seulement le behaviourisme logique, mais encore qui se dirige contre le physicalisme sémantique en général. Cette objection soutient qu'il n'est pas possible de définir les concepts mentaux en indiquant *a priori*, par une analyse sémantique, leurs conditions d'application nécessaires et suffisantes en termes physiques. Chaque tentative visant à produire une définition de ce genre devient circulaire, comprenant en fait des concepts mentaux. Cette objection fut notamment développée par Roderick M. Chisholm (1916-1999) et Peter T. Geach (*1916).[3] Prenons un exemple pour illustrer cette objection. Essayons de définir en termes physiques le concept de désirer une glace. On peut proposer de définir ce concept de la façon suivante :

Marie désire une glace si et seulement si
- quand Marie est à la maison et qu'il y a de la glace dans le frigo, elle s'y rend pour en prendre, et
- quand Marie voit le glacier, elle lui achète une glace, et
- quand on propose une glace à Marie, elle accepte tout de suite la proposition, etc.

---
[3] Voir Chisholm (1957), chapitre 11, et Geach (1957), pp. 8–9.

Quelles que soient les conditions qu'on ajoute pour obtenir une définition complète du concept en termes physiques, on pourra toujours fournir des exemples contraires à chacune d'elles. La seule façon de réfuter ces contre-exemples consisterait à ajouter des concepts mentaux à la définition. Par exemple : bien que Marie désire une glace, elle ne va pas en chercher dans son frigo quand elle est chez elle si elle ne *croit* pas qu'il s'en trouve. Or, le concept « croire » est un concept mental. Et toute tentative visant à définir ce concept en termes de dispositions comportementales se heurte à la même difficulté – il y aura des contre-exemples qu'on ne pourra réfuter qu'en ayant recours à d'autres concepts mentaux. La définition devient ainsi circulaire.

Il en va de même pour les concepts mentaux qui ne se réfèrent pas à des états intentionnels, mais à des états phénoménaux – comme, par exemple, le concept de ressentir une douleur. Quelle que soit la liste des dispositions comportementales qu'on dresse en vue de leur donner une définition en termes uniquement physiques, il faudra nécessairement ajouter à de telles définitions des clauses contenant des concepts mentaux, comme, par exemple : « si Marie ne *réprime* pas sa douleur » ou « si Marie ne *simule* pas la douleur ». Or, les concepts « réprimer » et « simuler » sont, dans ce contexte, des concepts mentaux. La tentative visant à définir des concepts mentaux en ne recourant qu'à des concepts physiques devient ainsi circulaire. Le behaviourisme logique est dès lors considéré comme voué à l'échec. La conclusion suivante s'impose : *si l'on se propose de soutenir la théorie de l'identité psychophysique, il est vain, pour le faire, de chercher à se baser sur la sémantique des concepts mentaux et d'essayer d'identifier* a priori, *par une analyse sémantique, le contenu des concepts mentaux au contenu de certains concepts physiques.*

5.3 L'IDENTITÉ DES TYPES SUIVANT LE MODÈLE SCIENTIFIQUE

Cette conclusion fut tirée à partir de la deuxième moitié des années cinquante. Dès lors, on proposa une théorie qui ne se base plus sur un raisonnement sémantique, mais qui prend comme modèle les progrès des sciences afin d'établir que chaque type d'état mental est identique à un type d'état physique.[4] On peut caractériser cette nouvelle forme

---

[4] Voir surtout Place (1956), Feigl (1958) et Smart (1959).

de la théorie de l'identité psychophysique, qui est soutenue encore aujourd'hui,[5] en la comparant aux trois traits essentiels du behaviourisme logique mentionnés dans la section précédente.

(1) Chaque type d'état mental est identique à un certain type d'état physique. L'état physique n'est, cette fois, pas un état comportemental, mais un état cérébral, découvert par les neurosciences. Pour donner un exemple schématique : l'état mental consistant à ressentir de la douleur est identique à l'état cérébral d'une stimulation des fibres-C. L'expression « stimulation des fibres-C » remplace la détermination empirique exacte de l'état neurologique en question.

(2) Cette identité ne dérive pas de raisons logiques ou sémantiques. Au lieu de découler a priori d'une analyse du contenu des concepts mentaux, elle s'établit *a posteriori* sur la base de recherches empiriques. La thèse philosophique est que pour chaque type d'état mental M, il y a un certain type d'état physique P auquel M est identique, selon une loi de la nature. Il appartient aux sciences, notamment aux neurosciences et à la psychologie, de découvrir de quel type d'état physique il s'agit et d'établir les lois psychophysiques qui couvrent cette identité. Pour mieux comprendre la nature de l'identité postulée ici entre types d'états physiques et mentaux, on peut prendre comme exemples des identifications scientifiques familières comme celles-ci :

- L'eau est identique à H_2O.
- La température d'un gaz idéal est identique à l'énergie cinétique moyenne des molécules.
- Les gènes sont identiques à des séquences de bases de l'ADN.

Par ces exemples, on comprend que le contenu des concepts mentaux est différent du contenu des concepts physiques, tout comme le contenu du concept d'eau se distingue du contenu du concept de H_2O. L'extension de ces deux concepts est cependant la même : le concept d'eau et le concept de H_2O font référence aux mêmes phénomènes dans le monde. De même, le contenu du concept de douleur est différent du contenu du concept de stimulation des fibres-C. Ces deux concepts constituent cependant deux descriptions du même type d'états. Par conséquent, pour chaque concept mental M, il n'existe aucun concept physique P qui a le

---

[5] Voir Bickle (2003) pour une position contemporaine, se basant sur les neurosciences.

même contenu que M, mais il existe un concept physique P dont l'extension est la même que celle de M.

(3) Néanmoins, il est possible de réduire à une théorie physique les descriptions des états mentaux formulées en termes de concepts mentaux – à l'instar de la réduction de la description des propriétés de l'eau à celle proposée pour H_2O par la chimie moléculaire, ou de la réduction de la thermodynamique à la mécanique statistique, ou encore de la réduction de la génétique classique à la biologie moléculaire. Il est possible de concevoir des lois d'équivalence d'extension qui lient chaque concept mental M à un certain concept physique P ($M \leftrightarrow P$). Ces lois permettent la réduction : on peut déduire les propositions d'une théorie qui emploie des concepts mentaux à partir des propositions d'une théorie physique qui utilise les concepts physiques coextensifs.

Ainsi, cette théorie de l'identité psychophysique prend comme modèle des identifications scientifiques concrètes. Toutefois, il s'agit d'une position philosophique : cette théorie ne doit pas être vue comme une conclusion qu'imposeraient les progrès des sciences de la nature.[6] En effet, la recherche empirique établit des corrélations entre des types d'états physiques et des types d'états mentaux. Or, si étroites ces corrélations soient-elles, elles ne prouvent pas l'identité entre les types corrélés. En effet, des corrélations étroites entre des types d'états mentaux et des types d'états physiques sont compatibles non seulement avec la théorie de l'identité psychophysique, mais encore avec le dualisme interactionniste, le parallélisme et l'épiphénoménisme. Dès lors, l'évaluation de ces positions est une tâche philosophique qui doit être menée à bien à l'aide d'arguments philosophiques (l'argument de la causalité mentale étant l'argument le plus important dans le cadre de cette discussion).

5.4 L'objection de la réalisation multiple et l'identité des occurrences

Il existe une objection forte contre la théorie de l'identité psychophysique basée sur l'identité des types. Cette objection est issue de la thèse suivant laquelle les types d'états mentaux peuvent être réalisés de manières multiples. Le type d'état mental « ressentir de la douleur », pour reprendre l'exemple classique, est identique, chez l'être humain, au type

---

[6]Mais voir Bickle (2003) pour une position contraire.

d'état physique « stimulation des fibres-C ». Il est pourtant possible que, chez les tortues par exemple, le type d'état mental « ressentir de la douleur » soit identique à un autre type d'état cérébral. En outre, on attribue un état mental comme la douleur à des êtres humains sur la base de critères qui n'impliquent pas la présence d'états cérébraux d'un type déterminé. Par ailleurs, il y a des espèces animales évoluées à qui nous attribuons également des états mentaux comme la douleur. Or, si l'on constatait que quelques-unes de ces espèces possèdent un cerveau dont l'organisation est différente de celle de notre cerveau, ceci ne serait pas une raison pour leur refuser l'attribution d'états mentaux. En effet, nous serions plutôt amenés à conclure que, chez ces espèces, les états mentaux ont une autre base physiologique que chez nous. De plus, il est possible qu'il existe des êtres vivants ailleurs dans l'univers qui possèdent des états mentaux des mêmes types que les nôtres, mais qui présentent une physiologie – y compris cérébrale – entièrement différente de la nôtre. Finalement, il n'est pas exclu que nous soyons capables de construire, dans le futur, des ordinateurs qui puissent manifester et ressentir des états intentionnels, lesquels qui seraient alors réalisés d'une manière bien différente que chez l'être humain, car il s'agirait vraisemblablement de l'activité de certaines puces de silicium.[7]

L'argument selon lequel il est possible que les états mentaux soient réalisés de multiples manières est largement reconnu. La plupart des philosophes considèrent que cet argument établit qu'il est vain de chercher à identifier chaque type d'état mental à un certain type d'état physique. Néanmoins, même si tel était effectivement le cas, cet argument ne réfute pas la théorie de l'identité psychophysique en tant que telle. Il suggère seulement qu'il ne faut pas concevoir que les états mentaux sont identiques à des états physiques au niveau des types d'états, mais au niveau des *occurrences* individuelles de ces types.

Quand on parle d'identité des occurrences en philosophie de l'esprit, on réfère à la position selon laquelle les types d'états mentaux possèdent une réalisation physique, au sens où chaque occurrence (*token* en anglais) d'un type d'état mental est identique à une occurrence d'un type d'état physique. Les états mentaux d'un type M peuvent cependant être réalisés par des occurrences d'états physiques de différents types. Par

---

[7] Voir surtout Fodor (1974) / traduction française Fodor (1980) pour l'argument de la réalisation multiple.

conséquent, la thèse de l'identité des types implique la thèse de l'identité des occurrences, mais l'inverse n'est pas vrai. La thèse de l'identité des occurrences est donc une thèse plus faible que celle de l'identité des types. En fait, la thèse de l'identité des occurrences constitue la version la plus faible de la théorie de l'identité psychophysique.

Il importe de préciser que la thèse de l'identité des occurrences n'avance pas qu'il existe des concepts mentaux coextensifs à certains concepts physiques. Au contraire, si un état mental de type M peut être réalisé de multiples façons, alors le concept M est coextensif à une disjonction ouverte de concepts physiques :

(5.1) $M \leftrightarrow P_1 \vee P_2 \vee P_3 \vee P_4 \vee \ldots$

Il est dès lors exclu de trouver un concept physique coextensif au concept mental de douleur : chez nous autres, êtres humains, l'état mental de douleur correspond à l'état cérébral de stimulation des fibres-C, mais chez les tortues, par exemple, ce même type d'état mental est réalisé par des occurrences d'un état cérébral d'un autre type. Par conséquent, la thèse de l'identité des occurrences ne nous engage pas à accepter la possibilité de réduire la description des états mentaux faite en termes mentaux à une théorie physique.

Néanmoins, il existe un rapport nomologique entre les concepts physiques décrivant des réalisateurs des types mentaux et les concepts mentaux : chaque cas de stimulation des fibres-C est un cas de douleur. Autrement dit, la stimulation des fibres-C est une condition suffisante pour l'existence d'une occurrence du type mental de douleur. De façon générale, si P_1 est un concept physique s'appliquant à des configurations d'occurrences de propriétés physiques qui réalisent un certain type mental M, la proposition suivante exprime une généralisation nomologique :

(5.2) $\forall x(P_1 x \rightarrow Mx)$

On ne peut cependant pas soutenir la proposition inverse :

(5.3) $\neg \forall x(Mx \rightarrow P_1 x)$

La raison en est qu'il peut exister un autre type de configurations d'occurrences de propriétés physiques (P_2) qui soit aussi un réalisateur de M :

(5.4) $\forall x(P_2 x \rightarrow Mx)$.

Il appartient à la recherche scientifique de déterminer s'il existe certains types d'états mentaux qui sont réalisés d'une unique manière dans le monde réel. Supposons qu'on découvre un type d'état mental M dont toutes les occurrences sont identiques à des occurrences d'un certain type d'état physique *P*. Dans ce cas, dans le monde réel, l'extension du concept *M* serait la même que l'extension du concept *P*. Une telle identité d'extension ne suffirait pourtant pas pour pouvoir établir que les concepts *M* et *P* sont coextensifs. En effet, en philosophie de l'esprit, si l'on affirme qu'un concept mental *M* est coextensif à un concept physique *P*, on veut signifier que l'identité de l'extension est d'ordre nomologique. Dès lors, il faudrait montrer que c'est en vertu d'une loi qu'un certain type d'état mental *M* est réalisé uniquement par les occurrences d'un certain type d'état physique *P* et donc, que l'on n'a pas affaire à une simple régularité contingente.

5.5 Résumé

La théorie de l'identité des types avance que chaque type d'état mental est identique à un type d'état physique. Selon le physicalisme sémantique, dont le behaviourisme logique est la version la plus connue, cette identité s'établit *a priori*, au moyen d'une analyse du contenu des concepts mentaux. Cette position est aujourd'hui considérée comme caduque, car on pense qu'il n'est pas possible de définir les concepts mentaux en indiquant *a priori*, par une analyse sémantique, leurs conditions de vérification nécessaires et suffisantes en termes physiques. L'autre version de la théorie de l'identité des types prend pour modèle les identifications scientifiques (comme celle, par exemple, de l'eau avec H_2O), identifications qui s'effectuent *a posteriori* sur la base de certaines connaissances empiriques. Dans cette version de la théorie de l'identité, le contenu des concepts mentaux est distinct du contenu des concepts physiques. Néanmoins, on établit sur la base de recherches scientifiques que les types d'états mentaux existant dans le monde réel sont identiques à des types d'états physiques. L'objection qui veut qu'il est possible que les états mentaux soient réalisés de multiples façons (argument de la réalisation multiple) suggère cependant que l'identité psychophysique se limite à des occurrences individuelles et qu'elle ne vaille pas pour les types.

5.6 Suggestions de lecture

Sur le behaviourisme logique : Hempel (1935).
Sur la théorie de l'identité des types : Smart (1959).
Sur la possibilité de réalisations multiples et l'identité des occurrences : Fodor (1980).

5.7 Questions de contrôle

1) En quoi le behaviourisme méthodologique diffère-t-il du behaviourisme logique ?

2) Pourquoi le behaviourisme logique est-il un physicalisme sémantique ?

3) Pourquoi l'argument de Wittgenstein contre la possibilité d'un langage privé implique-t-il que nous ne possédons pas une connaissance privée et infaillible de nos états mentaux ?

4) Pourquoi cet argument ne suffit-il pas à établir le behaviourisme logique ?

5) Quelle est la relation entre la sémantique vérificationniste et le behaviourisme logique ?

6) Quelle est l'objection de circularité contre le behaviourisme logique ?

7) Quelle est la relation entre la théorie de l'identité *a posteriori* des types et les sciences empiriques ?

8) Pourquoi la théorie de l'identité des types entraîne-t-elle la possibilité de réduire à une théorie physique les descriptions des états mentaux faites en termes mentaux ?

9) En quoi l'argument de la possibilité de réalisations multiples s'oppose-t-il à la théorie de l'identité des types ?

10) En quel sens la théorie de l'identité des occurrences, contrairement à celle des types, admet-elle une position non réductionniste ?

11) En quel sens la théorie de l'identité des occurrences contient-elle des lois psychophysiques ?

5.8 Propositions de travail

- *L'argument contre le langage privé* : reconstruction de l'argument de Wittgenstein et évaluation de sa portée. Littérature : Wittgenstein (1961), §§ 243–308.
- *Le behaviourisme logique et l'épistémologie de l'empirisme logique* : reconstruction de l'argument de Hempel en faveur du behaviourisme logique, démonstration de la manière dont cet argument s'insère dans l'épistémologie de l'empirisme logique et évaluation critique de l'argument. Ce travail présuppose la connaissance des traits principaux de l'empirisme logique. Littérature : Hempel (1935).
- *La théorie de l'identité a posteriori des types et les neurosciences* : reconstruction de la manière dont cette théorie prend des identifications scientifiques pour modèle, évaluation des limites de cette analogie. Littérature : Place (1956) ; Feigl (1958) ; Smart (1959).
- *L'argument de la réalisation multiple* : discussion de la portée de cet argument et de son lien avec la théorie de l'identité des occurrences (par contraste avec l'identité des types). Littérature : Fodor (1980).

Chapitre 6

LE PARADIGME FONCTIONNALISTE

But du chapitre : saisir l'idée motivant le fonctionnalisme et connaître les versions principales du fonctionnalisme.

6.1 L'IDÉE DU FONCTIONNALISME

Le fonctionnalisme est la position la plus répandue en philosophie de l'esprit depuis la moitié des années 1960. Ayant pris la place du behaviourisme, le fonctionnalisme constitue aujourd'hui une sorte de paradigme accepté par la plupart des philosophes de l'esprit et des scientifiques en sciences cognitives. Le fonctionnalisme en philosophie de l'esprit fut lancé notamment par Hilary Putnam (*1926), Jerry Fodor (*1931) et David Lewis (1941–2001).[1] Cette position s'inspire, d'une part, de l'argument de la réalisation multiple des types d'états mentaux et, d'autre part, du développement de l'intelligence artificielle. En effet, on peut programmer des machines (hardware) de différents types d'une manière telle qu'elles réalisent (c'est-à-dire, qu'elles mettent en œuvre) toutes le même type de programme (software). Le programme se définit exclusivement par sa fonction – indépendamment de la constitution physique de la machine qui met en œuvre la fonction en question. Or, les énormes progrès qu'a connus et que continue de connaître l'intelligence artificielle dans son développement soulèvent la question de savoir si l'on peut établir un parallèle entre le cerveau humain et un ordinateur : les états mentaux sont-ils des programmes exécutés par l'ordinateur que constituerait le cerveau ?

Pour illustrer l'idée du fonctionnalisme, prenons l'exemple d'une machine simple, comme un distributeur de café. Il est possible de formuler une définition fonctionnelle d'une telle machine. si l'on introduit une pièce d'un franc dans la machine et si l'on presse le bouton « café noir », la machine réagit à cette « entrée » (*input*) en produisant un gobe-

---

[1] Voir Putnam (1975b) / traduction française Putnam (2002), Fodor (1968) / traduction française Fodor (1972), en particulier chapitres 3 et 4, Lewis (1966) et Lewis (1972). Pour une brève vue d'ensemble en français, voir Pacherie (1993), chapitre 5.

let de café noir en « sortie » (*output*). On peut développer une théorie des distributeurs de café en ces termes. On considère ainsi le distributeur de café comme une boîte noire qui reçoit une certaine entrée et qui réagit à cette entrée en produisant une certaine sortie. La fonction du distributeur de café consiste donc en un certain rôle causal : la production d'un effet déterminé (gobelet de café) en réaction à une cause déterminée (introduction d'une pièce de monnaie).

Bien sûr, une telle théorie n'est pas suffisante pour le mécanicien auquel on fait appel quand le distributeur est en panne. En effet, pour pouvoir le réparer, le mécanicien doit connaître les mécanismes physiques qui mettent en œuvre (qui réalisent) la fonction qu'exécute le distributeur de café. Or, ces mécanismes varient d'une marque de distributeur de café à l'autre : les mécanismes des distributeurs Electrolux sont différents des ceux des distributeurs Miele, etc. En fait, on peut imaginer un nombre indéfini de mécanismes physiques différents qui réalisent tous la fonction de produire un gobelet de café suite à l'introduction d'une pièce de monnaie.

L'idée fondamentale du fonctionnalisme consiste donc en l'articulation de deux moments : premièrement, l'élaboration d'une définition fonctionnelle de l'objet étudié et, deuxièmement, la recherche de mécanismes qui permettent à cet objet de réaliser sa fonction. En philosophie de l'esprit, cette idée est d'une portée plus large que la comparaison du cerveau à une machine. On peut caractériser cette idée par les propositions suivantes :

1) Les états mentaux sont des états fonctionnels.

2) La fonction d'un état consiste en son rôle causal.

3) Il suit de (1) et (2) que les états mentaux sont définis par leurs rôles causaux – c'est-à-dire, par leurs causes caractéristiques (*input*) et leurs effets caractéristiques (*output*).

4) Chaque rôle causal nécessite une réalisation physique, et il admet des réalisations physiques multiples. (À strictement parler, il n'est même pas nécessaire qu'un rôle causal ait une réalisation *physique*. La caractérisation abstraite du rôle causal laisse ouverte la question de savoir comment ce rôle est réalisé – à la rigueur, par des âmes sans corps dans un monde métaphysiquement possible.) C'est une

tâche qui incombe à la recherche scientifique que de découvrir les réalisations physiques d'un type d'état mental donné.

5) Le contenu des concepts mentaux est distinct du contenu des concepts physiques. De plus, la possibilité de réalisations multiples des états mentaux d'un type M interdit au concept M d'être coextensif à un seul concept physique P.

On peut donc dégager deux étapes clairement distinctes dans la démarche fonctionnaliste : celle de la définition des états mentaux par leur rôle causal (3), et celle de la découverte des états physiques qui assument le rôle causal en question (4). Le point crucial est le point (3) : les états mentaux sont essentiellement caractérisés par leur rôle causal.

Il existe deux positions au sein du fonctionnalisme qui diffèrent sur la question de la définition des états mentaux par leur rôle causal (3). Selon le fonctionnalisme du sens commun, la psychologie populaire (*folk psychology*) nous fournit des définitions des concepts mentaux en termes de rôles causaux. Ces définitions consistent en des lieux communs qu'on doit connaître afin de posséder les concepts mentaux en question.[2] De ce point de vue, le fonctionnalisme du sens commun semble proche du behaviourisme. Il y a cependant une différence cruciale : dans le cas du fonctionnalisme du sens commun, rien n'interdit que la définition fonctionnelle d'un concept mental n'inclue d'autres concepts mentaux. L'objection centrale contre le behaviourisme logique (voir 5.2) ne touche donc pas le fonctionnalisme. Selon le psycho-fonctionnalisme, l'autre position fonctionnaliste, la psychologie scientifique formule des définitions adéquates des concepts mentaux en termes de rôles causaux. Autrement dit, les concepts mentaux sont semblables aux concepts scientifiques : leur définition est ainsi une affaire scientifique. Quoi qu'il en soit, on considère dans ces deux versions du fonctionnalisme que la tâche de découvrir quels sont les états physiques qui réalisent un état mental d'un type donné incombe aux aux sciences de la nature – notamment aux neurosciences.

Dans son article sur la nature des états mentaux (1967 / 1975), Putnam propose une définition fonctionnelle schématique de l'état mental de douleur :

> « L'état fonctionnel auquel nous pensons est l'état de recevoir des *inputs* sensoriels qui jouent un certain rôle dans l'organisation

---
[2]Voir surtout Lewis (1972).

fonctionnelle de l'organisme. Ce rôle se caractérise, en partie du moins, par le fait que les organes sensoriels responsables des *inputs* en question sont des organes dont la fonction est de détecter les dommages subis par le corps, ou les limites de température et de pression dangereuses, etc., et par le fait que les *inputs* eux-mêmes, quelle que soit leur réalisation physique, représentent une condition à laquelle l'organisme attribue une valeur hautement négative.... cela ne signifie *pas* que la machine *évitera* toujours la condition en question (la "douleur") ; cela signifie seulement qu'elle l'évitera, à moins que ne pas l'éviter soit nécessaire à l'atteinte de quelque but auquel elle accorde une valeur supérieure. Puisque le comportement de la machine (dans ce cas un organisme) ne dépend pas seulement des *inputs* sensoriels mais aussi de l'état total (c'est-à-dire des autres valeurs, croyances ...), il semble impossible de formuler un énoncé général quelconque sur la façon dont un organisme dans une telle condition *doit* se comporter, mais cela ne signifie pas que nous devions abandonner l'espoir de caractériser cette condition. En fait, nous venons de le faire. » (Traduction suivant Putnam (2002), pp. 284-285)

Il est évident que cette esquisse de définition du concept de douleur contient des références à d'autres concepts mentaux – comme le concept normatif qui attribue une valeur négative à l'état mental de douleur. De plus, cette définition fait référence à l'état mental total du système. Il n'est pas important de savoir si l'on peut préciser cette définition de sorte qu'elle tienne compte de toutes les configurations possibles du système en question. Aucun concept du sens commun ne possède une telle précision. L'énumération des causes et des effets caractéristiques de l'état de douleur est une liste ouverte. La question cruciale est de savoir si, le cas échéant, on peut rendre une telle définition assez précise pour qu'elle permette de distinguer l'état de douleur de tous les autres états mentaux que nous éprouvons comme différents de cet état.

Concernant la réalisation physique des états mentaux, il importe de préciser qu'il n'est pas possible qu'un état physique seul, en tant qu'occurrence d'une propriété intrinsèque, réalise un état mental caractérisé de manière fonctionnelle. En effet, c'est toujours une configuration d'états physiques qui réalise un état mental de type M. C'est son organisation interne – soit les relations entre ses parties – qui permet à une configuration d'états physiques de produire les effets caractéristiques de

M.³ Ainsi, lorsqu'on affirme que c'est la stimulation des fibres-C qui réalise la sensation de douleur chez les êtres humains, on désigne une configuration d'états neurobiologiques suffisante pour produire les effets caractéristiques de la douleur.

6.2 La théorie computationnelle de l'esprit

Comment des occurrences d'états physiques peuvent-elles réaliser des types d'états mentaux ? Une position importante qui cherche à répondre à cette question est la *Théorie représentationnelle et computationnelle de l'esprit* de Jerry Fodor. Suivant ce philosophe, les états intentionnels sont des représentations mentales computationnelles. Les relations logiques et rationnelles entre les états intentionnels sont mises en œuvre par des relations causales entre ces représentations. Ces représentations et ces relations causales peuvent réaliser des relations logiques et rationnelles parce qu'elles sont des états physiques computationnels. Elles incorporent un langage mental, possédant ainsi non seulement une syntaxe, mais encore une sémantique. Selon Fodor, le contenu de ces représentations ne consiste cependant pas en des relations fonctionnelles à d'autres représentations, mais il découle de la manière dont ces représentations sont causées par l'environnement physique.⁴ Concernant le contenu des états intentionnels, la théorie de Fodor s'écarte dès lors de la conception fonctionnaliste : le contenu d'une représentation est causé par son objet et ne dépend pas des relations fonctionnelles avec d'autres représentations.

La théorie de Fodor fait partie d'un courant plus large, courant qui cherche à dériver le contenu conceptuel ainsi que les relations logiques et rationnelles entre nos états intentionnels à partir de certaines relations causales entre l'environnement physique et des représentations mentales. Une objection pertinente contre la philosophie de l'esprit de Fodor consiste à dire que ces représentations mentales qui possèdent une syntaxe et une sémantique sont un postulat théorique. Il n'y a pas de données empiriques qui établissent l'existence d'un tel langage mental.

---

³Voir Shoemaker (1981), section 2.

⁴Voir Fodor (1987), surtout l'appendice / traduction française de l'appendice Fodor (2002). Pour une présentation et une discussion de la théorie de Fodor qui est facile d'accès, voir Jacob (1997), chapitre 5, et Rey (1997), chapitres 8 à 10.

Le fonctionnalisme s'inspire de l'analogie avec l'intelligence artificielle, mais sa portée théorique dépasse le cadre de cette analogie : il ne se résume pas à une comparaison entre nos états mentaux et les états d'un ordinateur. En d'autres termes, il n'est pas nécessaire que l'adhérent au fonctionnalisme s'engage à maintenir que les états mentaux sont réalisés par des états computationnels de traitement de symboles (un langage mental consistant en des représentations mentales). Dès lors, on peut, sur la base du fonctionnalisme, proposer d'autres réponses que celle de Fodor à la question de savoir comment les types d'états mentaux sont réalisés chez nous autres, êtres humains. Ainsi, selon le connexionnisme, il faut se concentrer sur les structures flexibles des réseaux neuronaux pour pouvoir répondre à cette question : les différentes manières dont les neurones d'un réseau sont connectés les uns aux autres constituent la façon dont les types d'états mentaux sont réalisés chez les êtres vivants sur Terre.[5] Cette position se focalise plutôt sur des modèles qui cherchent à saisir des processus mentaux consistant en des associations, tandis que la théorie de Fodor vise, en premier lieu, les raisonnements logiques.

6.3 Le fonctionnalisme biologique

Il y a encore un autre type de réponse à la question de savoir comment les types d'états mentaux sont réalisés par des états physiques. Cette réponse cherche à lier une conception fonctionnelle de l'esprit au sens large à la biologie de l'évolution. Les concepts biologiques sont typiquement des concepts fonctionnels qui admettent des réalisations physiques multiples. Par exemple, le concept de reproduction (qui saisit un trait essentiel de ce qu'est un être vivant) se prête à une définition fonctionnelle et il peut être réalisé de multiples façons (reproduction asexuée, reproduction sexuée, ainsi que toutes les formes que peuvent revêtir ces deux types de reproduction). De même, chaque type de gène de la génétique classique, défini par son rôle fonctionnel, peut être réalisé par différentes séquences d'ADN.

Or, les états mentaux remplissent aussi des fonctions biologiques. Sur cette base, on peut lancer le projet d'établir la définition fonction-

---

[5] Voir Bechtel et Abrahamsen (1991) / traduction française Bechtel et Abrahamsen (1993) ainsi que Smolensky (1988) / traduction française Smolensky (2003) pour une vue d'ensemble.

nelle des états mentaux en se focalisant sur leurs fonctions pour l'organisme. Un tel projet est mis en avant notamment par Ruth Garrett Millikan (*1933) et David Papineau (*1947).[6] Les fonctions biologiques permettent une explication causale dans le cadre de la théorie de l'évolution des espèces sur Terre. Brièvement, selon une conception répandue dans le cadre de la théorie de l'évolution, la fonction d'un état d'un certain type consiste en la manière dont la possession de cet état a contribué (et continue à contribuer) à la survie et la reproduction des organismes chez qui on le trouve. Ainsi, sa fonction est le rôle causal qu'il joue dans la *fitness* d'un organisme.[7]

si l'on adopte cette conception des fonctions biologiques et si l'on réussit à l'appliquer à la théorie fonctionnelle des états mentaux, on dispose d'une explication des états mentaux qui unifie la théorie de nos états mentaux et l'explication causale de l'évolution des espèces sur Terre. De plus, la théorie de la sélection naturelle offre une réponse à la question de savoir pourquoi les types d'états mentaux peuvent être réalisés de multiples façons : les configurations d'états physiques qui réalisent des types d'états mentaux sont sélectionnées en fonction de leurs effets quant à la survie et à la reproduction des organismes chez lesquels on les trouve. Or, des configurations d'états physiques de compositions différentes peuvent toutes avoir les mêmes effets bénéfiques quant à la survie et la reproduction d'organismes donnés au sein d'un certain environnement. Ainsi, ces différentes configurations peuvent être sélectionnées au cours de l'évolution.[8]

Il est incontestable que les états mentaux possèdent des fonctions biologiques. La question est cependant de savoir si les fonctions biologiques des états mentaux sont assez spécifiques pour permettre de saisir, par exemple, le contenu conceptuel des croyances. Il n'est plus contesté aujourd'hui que les états mentaux se sont développés au cours de l'évolution des espèces sur Terre. De plus, il est évident que les états mentaux ont des fonctions biologiques. Mais cela ne suffit pas pour justifier le

---

[6] Voir surtout Millikan (1984), en particulier introduction, chapitres 1, 2 et 5, et Millikan (2004), notamment chapitres 5 à 7 et 13 à 17, ainsi que Papineau (1993), chapitres 2 et 3. Pour une présentation française de la théorie de Millikan, voir Jacob (2004), pp. 186–197.

[7] Voir Wright (1973).

[8] Voir Papineau (1993), chapitres 2.7 et 2.8, pour cette explication de la réalisation multiple.

fonctionnalisme, pas même le fonctionnalisme biologique. La question est de savoir si une description des états mentaux fondée sur leurs fonctions – en l'occurrence leurs fonctions biologiques, ou encore de leur fonctions computationnelles – permet de saisir tout ce que les états mentaux ont de caractéristique.

6.4 La chambre chinoise de Searle

Une objection importante avancée contre la pertinence de la comparaison des états intentionnels aux états d'une machine est l'argument de la chambre chinoise de John Searle (*1932). Dans cet argument, Searle (1980) imagine une personne qui n'a aucune connaissance du chinois – en l'occurrence, lui-même – enfermée dans une chambre. On met à disposition de cette personne un catalogue de règles permettant de transformer des phrases en chinois en d'autres phrases en chinois. Ces règles sont formulées en anglais. Leur application se base uniquement sur la syntaxe des phrases. Une phrase d'une certaine forme syntaxique est corrélée avec une phrase d'une autre forme syntaxique. La personne enfermée dans sa chambre reçoit donc de phrases écrites en chinois (*input*) et, en appliquant les règles qu'elle a à sa disposition, elle produit d'autres phrases en chinois (*output*). Du point de vue d'une personne chinoise située à l'extérieur de la chambre, la personne enfermée dans la chambre se comporte comme un individu qui parle chinois. Mais, en l'occurrence, la personne enfermée dans la chambre n'a aucune compréhension de la signification des phrases en chinois qu'elle transforme. Searle cherche ainsi à montrer que la théorie fonctionnelle des états mentaux, dans la mesure où cette théorie conçoit les états mentaux par analogie à des états d'une machine, n'est pas capable de saisir le contenu conceptuel de nos états intentionnels : on peut imaginer un système indiscernable, d'un point de vue fonctionnel, d'un être humain possédant des états intentionnels, mais, contrairement à ceux de ce dernier, les états intentionnels de ce système n'ont aucun contenu conceptuel.

L'argument de Searle a provoqué une discussion qui continue de nos jours. Une réponse courante à cet argument consiste à dire que l'exemple qui y est exposé est inoffensif, dans la mesure où il est faux de comparer la personne enfermée dans la chambre à un système qui possède des états intentionnels. En effet, selon la conception fonctionnaliste, c'est l'ensemble du système qui possède des états intentionnels – à savoir, dans le cas présent, la personne dans la chambre, le catalogue des règles, les inputs et les outputs. Or, l'ensemble du système serait, lui, à même de saisir le contenu conceptuel des expressions en chinois.[9]

En plus de l'objection de la chambre chinoise de Searle, signalons que Ned Block (*1942) en proposa deux autres (en 1978 et en 1981) qui vont dans le même sens : elles cherchent à montrer que pouvoir exécuter un programme n'est pas suffisant pour posséder la capacité de penser.[10] Toutes ces objections n'ont cependant qu'une portée limitée : elles se dirigent uniquement contre les versions du fonctionnalisme qui abordent les états intentionnels possédant un contenu conceptuel sous l'angle du modèle des machines. Ainsi, elles ne touchent pas, notamment, le fonctionnalisme biologique. Au contraire, ces objections constituent un argument important en faveur du fonctionnalisme biologique pour comprendre l'esprit humain, et ceci au détriment du fonctionnalisme des machines. Searle défend lui-même un naturalisme biologique.[11] Néanmoins, il existe des objections encore plus fortes contre la conception des états intentionnels que propose le fonctionnalisme des rôles causaux. Ces objections touchent, elles, toutes les versions du fonctionnalisme qu'on a discutées dans ce chapitre. On considérera ces objections dans les chapitres 11 et 12.

6.5 Résumé

Suivant le fonctionnalisme, chaque type d'état mental se définit par un rôle causal, c'est-à-dire ses causes et ses effets caractéristiques. Il y a des configurations d'états physiques qui mettent en œuvre ces relations causales, réalisant ainsi des types d'états mentaux. Chaque type d'état mental peut être réalisé de multiples façons par des configurations d'états physiques différentes. Le fonctionnalisme biologique cherche à lier une conception fonctionnaliste de l'esprit à la biologie de l'évolution en considérant la fonction qui définit un type d'état mental comme

---

[9] Voir surtout Dennett (1991a) / traduction française Dennett (1993), chapitre 6, et cf. la discussion entre Searle et Dennett dans Searle (1999), chapitre 5.

[10] Voir Block (1978) et Block (1981), surtout pp. 19–21. Pour une présentation de l'argument de Block (1981) qui est facile à accéder, voir Braddon-Mitchell et Jackson (1996), pp. 110–120.

[11] Voir notamment Searle (1992) / traduction française Searle (1995).

la fonction qu'elle remplit pour l'organisme qui la possède, fonction qui a été sélectionnée au cours de l'évolution de l'espèce à laquelle appartient l'organisme en question.

6.6 Suggestions de lecture

Sur l'idée du fonctionnalisme : Lewis (1966), Putnam (2002).
Sur la théorie représentationnelle et computationnelle de l'esprit : Fodor (2002).
Sur le fonctionnalisme biologique : Millikan (2004), notamment chapitres 5 à 7.
Sur l'argument de la chambre chinoise : Searle (1980).

6.7 Questions de contrôle

1) Quelles sont les deux étapes cruciales du fonctionnalisme ?
2) Pourquoi la distinction entre ces deux étapes est-elle importante ?
3) Quelle est la différence entre le fonctionnalisme du sens commun et le behaviourisme logique ?
4) Quelles conditions une définition fonctionnelle d'un état mental de type M doit-elle satisfaire ? Est-il raisonnable de demander que la définition fonctionnelle présente une liste complète des causes et des effets possibles d'un état mental de type M ?
5) Pourquoi est-ce une configuration d'états physiques, plutôt qu'un état physique seul, qui réalise un état mental d'un type donné ?
6) Pourquoi la théorie de Fodor postule-t-elle l'existence d'un langage mental ?
7) Quelle est l'idée directrice du connexionnisme ?
8) Que gagne-t-on à associer le fonctionnalisme à la théorie des fonctions en biologie ?
9) Quelles sont les limites de l'argument de la chambre chinoise de Searle ?

6.8 Propositions de travail

- *La définition des états fonctionnels et l'analogie entre cerveau et machine* : reconstruction de l'idée du fonctionnalisme et évaluation critique de la manière dont cette idée est mise en œuvre en philosophie de l'esprit. Littérature : Lewis (1966) ; Lewis (1972) ; Fodor (1972), chapitres 3 et 4 ; Putnam (2002).
- *Le fonctionnalisme et la psychologie populaire (folk psychology)* : reconstruction et évaluation critique du projet consistant à concevoir les lieux communs de la psychologie populaire comme les définitions fonctionnelles adéquates des concepts mentaux. Littérature : Lewis (1972).
- *La théorie représentationnelle et computationnelle de l'esprit* : reconstruction et évaluation critique des idées principales de la théorie de Fodor. Littérature : Fodor (1987), surtout l'appendice (traduction française de l'appendice Fodor (2002)).
- *Fonctions biologiques et fonctionnalisme en philosophie de l'esprit* : reconstruction et évaluation du lien qu'on peut établir entre les fonctions biologiques et la conception fonctionnelle des états mentaux en vue d'une explication évolutionniste des états mentaux. Littérature : Wright (1973) ; Millikan (1984), en particulier introduction, chapitres 1, 2 et 5 ; Millikan (2004), notamment chapitres 5 à 7 et 13 à 17 ; Papineau (1993), chapitres 2 et 3.
- *L'argument de la chambre chinoise* : reconstruction et évaluation de la controverse autour de la question de savoir si le fonctionnalisme peut tenir compte des traits caractéristiques des états intentionnels. Littérature : Searle (1980) ; Dennett (1993), chapitre 6 ; Searle (1999), chapitre 5.

Chapitre 7

LE FONCTIONNALISME ET LE RÉDUCTIONNISME

But du chapitre : comprendre la réponse fonctionnaliste au problème de la causalité mentale, saisir le raisonnement en faveur de la version non réductionniste du fonctionnalisme ainsi que l'argument en faveur de sa version réductionniste.

7.1 La réponse au problème de la causalité mentale

Le fonctionnalisme apporte une réponse claire à la question de savoir comment des états mentaux peuvent causer des états physiques. Dans le cadre du fonctionnalisme, chaque type d'état mental M est défini par certains causes et effets caractéristiques. Chaque occurrence d'un état mental du type M est réalisée par l'occurrence d'une configuration d'états physiques d'un certain type. Une telle réalisation signifie que l'occurrence de la configuration d'états physiques en question, par la manière dont sont reliés entre eux les états physiques qui la composent, constitue une occurrence des causes et des effets caractéristiques qui définissent le type d'état mental M. Dès lors, cette configuration d'états physiques, en réalisant un état mental de type M, produit certains effets physiques.

Cette réponse claire au problème de la causalité mentale n'est possible que si, et seulement si, on conçoit la réalisation physique des états mentaux en termes d'identité des occurrences : chaque occurrence d'un état mental est identique à une certaine configuration d'états physiques. La possibilité de réalisations multiples des types d'états mentaux signifie ceci : il est possible que pour chaque type d'état mental M, les occurrences de M soient identiques à des configurations d'états physiques de différents types – dans le sens où l'occurrence m_1 est identique à une configuration physique de type P_1, l'occurrence m_2 est identique à une configuration physique de type P_2, etc. Cela est possible car un type d'état mental M est défini par un certain rôle causal, tandis que les configurations d'états physiques qui réalisent M sont définies par leur composition physique. Des configurations d'états (micro)physiques de compositions différentes peuvent toutes avoir les mêmes causes et effets macroscopiques dans un environnement donné, réalisant ainsi toutes le même type d'état mental fonctionnel *M* (cf. l'explication de la possibilité de réalisations multiples dans le cadre de la théorie de la sélection naturelle à la fin du point 6.3).

Néanmoins, cette conception de la réalisation physique des états mentaux, qui identifie des occurrences d'états mentaux fonctionnels à des configurations d'états physiques, n'est pas acceptée de façon unanime.[1] Il y a pourtant un argument fort en faveur de la thèse de l'identité des occurrences entre les états mentaux et des configurations d'états physiques ou, pour le dire autrement, en faveur d'une position qui avance que les états physiques qui composent de telles configurations constituent une occurrence d'un état mental :[2] si l'on refuse d'admettre cette position alors se pose le problème de la causalité mentale. En effet, si l'on ne veut ni souscrire à une position de surdétermination régulière, ni abandonner le principe de la complétude causale du domaine des états physiques, refuser la thèse de l'identité des occurrences conduit à admettre que les états mentaux ne sont que des épiphénomènes (voir 4.4).[3] Le problème de la causalité mentale constitue ainsi l'argument principal en faveur d'une conception de la réalisation physique des types d'états fonctionnels – y compris donc des états mentaux – conçue en termes d'identité des occurrences.

Conçue de cette manière, la notion de réalisation permet de répondre à la question suivante : pourquoi existe-t-il des états mentaux dans le monde ? En effet, on peut avancer qu'il existe des états mentaux dans le monde parce qu'il existe certaines configurations d'états physiques qui mettent en œuvre les relations causales qui définissent des états mentaux déterminés. Plus généralement, la notion de réalisation ainsi comprise permet d'expliquer pourquoi il n'existe pas seulement dans le monde des états physiques (au sens étroit d'états traités exclusivement par une théorie physique), mais aussi des états fonctionnels définis par leurs causes et leur effets caractéristiques, comme des états biologiques, des états mentaux, etc. On répond dès lors à la question qu'on a soulevée à la fin

---

[1] Pour une autre conception influente, voir Yablo (1992).

[2] Voir Poland (1994), pp. 16–18, pour une position qui utilise la notion de constitution au lieu de celle d'identité.

[3] Voir Pineda (2002), pp. 36–40, pour une objection contre Yablo (1992) en ce sens et Schröder (2003) pour une défense de la position de Yablo (1992) contre une objection de ce type. Cf. de plus Block (1990a), en particulier section 6, et Horgan (1997), section 3, ainsi que la discussion entre Shoemaker (2007), chapitre 2, et B. McLaughlin (2007).

du point 3 du quatrième chapitre de ce livre, c'est-à-dire la question de savoir comment, si l'on prend comme point de départ de la réflexion la description d'un niveau physique fondamental (base de survenance), on peut intégrer dans notre vision du monde les autres entités qui s'y trouvent – les organismes, les états mentaux, etc.

Par ailleurs, quel que soit le nombre de façons dont un type donné d'état mental peut être réalisé, chacune de ces réalisations est soumise à une loi de la nature du type suivant (cf. fin du point 5.4) : si une configuration d'états physiques donnée réalise un état mental du type M, alors toutes les configurations d'états physiques du même type réalisent un état mental du type M. La présence d'une configuration d'états physiques du type en question est une condition suffisante pour l'occurrence d'un état mental du type M. Si, par exemple, la stimulation des fibres-C réalise la douleur, alors il y a une loi selon laquelle toutes les configurations d'états cérébraux du même type réalisent la douleur. Par conséquent, même s'il n'y a pas de loi qui lie un type d'état mental M à un seul type d'état physique P, chaque réalisation physique de M est soumise à une loi psychophysique – c'est-à-dire une loi qui indique des conditions physiques suffisantes (mais pas nécessaires) pour l'occurrence d'un état mental du type M.

7.2 Le fonctionnalisme non réductionniste

La version standard du fonctionnalisme, connue sous le nom de fonctionnalisme des rôles causaux, conçoit les états mentaux – et les états fonctionnels en général – comme des états de second ordre et les propriétés mentales (les propriétés fonctionnelles) comme des propriétés de second ordre. Un état fonctionnel – un rôle causal – est un état de second ordre, parce qu'il consiste dans le fait que d'autres états – des états de premier ordre – constituent une configuration déterminée possédant les causes et les effets caractéristiques du rôle causal en question. Cette manière de caractériser le fonctionnalisme n'implique pourtant pas que les états mentaux possèdent une sorte d'existence secondaire. Il n'y a pas de degrés d'existence ou de réalité. Ou bien les états mentaux existent, ou bien ils n'existent pas. Le fonctionnalisme est une position réaliste quant aux états mentaux.

La différenciation entre des états de second ordre et des états de premier ordre permet au fonctionnalisme de maintenir que les types d'états mentaux – et les types d'états fonctionnels en général – sont distincts des types d'états physiques. C'est la possibilité de réalisations multiples des types d'états mentaux – et des types d'états fonctionnels en général – qui interdit d'identifier les types fonctionnels à des types physiques (voir 5.4). La version standard du fonctionnalisme ne laisse donc pas simplement tomber la première proposition du problème de la philosophie de l'esprit, elle la modifie de la façon suivante, en exploitant la distinction entre types et occurrences, afin de résoudre le problème de la philosophie de l'esprit tel que nous l'avons exposé dans le premier chapitre de ce livre :

1) Le principe qui affirme que les états mentaux ne sont pas des états physiques est vrai dans le sens où les *types* d'états mentaux ne sont pas des *types* d'états physiques.

2) Le principe selon lequel des états mentaux causent des états physiques est vrai dans le sens où des *occurrences* d'états mentaux causent des *occurrences* d'états physiques, la causalité étant une relation entre des individus, et non entre des types.

3) Le principe de la complétude causale, nomologique et explicative du domaine des états physiques est vrai dans le sens où, dans la mesure où les *occurrences* des états physiques p ont des causes, sont soumises à des lois et peuvent être expliquées, alors toute *occurrence* d'un état physique p a des causes physiques complètes, est soumise à des lois physiques complètes et possède une explication physique complète.

Dès lors, ces trois principes sont conjointement consistants si l'on applique (1) aux types d'états et (2) et (3) aux occurrences individuelles (de même, le principe (4), qui postule l'absence de surdétermination régulière, s'applique aux occurrences). Néanmoins, le fonctionnalisme en philosophie de l'esprit demeure un physicalisme, car on maintient que tous les types d'états mentaux sont réalisés par des configurations d'états physiques. D'après la conception de la réalisation la plus répandue, ceci revient à dire que toutes les occurrences d'états mentaux sont identiques à des configurations d'occurrences d'états physiques.

Selon le fonctionnalisme, le statut épistémologique de la théorie des états mentaux (c'est-à-dire, la psychologie) est le même que celui de n'importe quelle autre science dite spéciale (à savoir, toutes les sciences sauf les théories fondamentales et universelles de la physique). La plupart des sciences spéciales traitent d'états fonctionnels. Suivant la version standard du fonctionnalisme, on ne peut pas réduire les théories des sciences spéciales à une théorie physique fondamentale et universelle, car ces théories décrivent des types d'états fonctionnels qui peuvent être réalisés de multiples façons au niveau physique.

Du point de vue de la physique, les différentes configurations d'états physiques qui réalisent un type d'état fonctionnel donné ne constituent pas une espèce naturelle de la physique, parce que la composition physique de ces configurations varie. La physique classifie les configurations d'états suivant leur composition, tandis que les sciences spéciales classifient ces mêmes configurations suivant les fonctions qu'elles réalisent. Or, composition et fonction peuvent diverger. Les théories et les concepts fonctionnels décrivent ainsi des similarités macroscopiques pertinentes à leur niveau que les concepts physiques – au sens étroit de concepts des théories fondamentales et universelles de la physique – ne permettent pas de saisir, car ces concepts sont faits pour établir des similitudes quant à la composition physique des configurations en question, et non quant à leurs fonctions dans un environnement donné. Néanmoins, toutes les occurrences de types fonctionnels sont identiques à certaines configurations d'occurrences d'états physiques fondamentaux. Jerry Fodor, notamment, a mis en avant un tel argument antiréductionniste.[4]

Cet argument ne peut toutefois militer qu'en faveur d'un antiréductionnisme épistémologique, et non d'un antiréductionnisme ontologique ou métaphysique. En effet, les occurrences d'états fonctionnels, y compris les occurrences d'états mentaux, sont identiques à des configurations d'occurrences d'états physiques. Or, sauf à défendre un réalisme des types d'états en tant qu'universaux, seules des occurrences d'états (des occurrences de propriétés) existent dans le monde. Ainsi, en ce qui concerne l'ontologie (la théorie de l'être), il en découle une position réductionniste : tout ce qui existe dans le monde ce sont des états physiques

---

[4] Voir Fodor (1974) / traduction française Fodor (1980) et Fodor (1997). Voir aussi Putnam (1973).

et leurs configurations. Certaines de ces configurations sont des états fonctionnels, parmi lesquels des états mentaux, parce qu'elles exhibent certains causes et effets – à savoir, les causes et les effets qui caractérisent un type d'état fonctionnel donné.[5] Autrement dit, si le fonctionnalisme standard admet la thèse de l'identité des occurrences afin de résoudre le problème de la causalité mentale, il doit inévitablement abandonner le principe (1) de distinction entre états mentaux et états physiques *en tant que principe ontologique*, la distinction ne concernant que les *concepts* fonctionnels et les *concepts* physiques.

Le caractère antiréductionniste de cette version du fonctionnalisme qui se base sur l'argument de la réalisation multiple ne s'applique donc qu'à l'épistémologie, et non à l'ontologie, entérinant le fait épistémologique que les principes de classification de la physique sont différents de ceux des sciences spéciales.[6] Mais, dès lors, on peut se demander si la distinction épistémologique entre types d'états mentaux et types d'états physiques constitue effectivement une distinction de principe – comme l'argument de Fodor cherche à l'établir – ou s'il ne s'agit là que d'une distinction qui reflète nos pratiques classificatoires des phénomènes, mais qui n'exclut pas, en principe, la possibilité de réduire les théories fonctionnelles à des théories physiques.

7.3 LA VERSION RÉDUCTIONNISTE DU FONCTIONNALISME

On doit la version réductionniste du fonctionnalisme, aussi connue sous le nom de fonctionnalisme des réalisateurs, à David Lewis (1966).[7] Elle fut longtemps une position minoritaire face à la conception non réductionniste du fonctionnalisme mise en avant notamment par Hilary Putnam et Jerry Fodor. Récemment, elle a pris un nouvel essor suite aux livres de Jaegwon Kim (1998 – traduction française 2006 – et 2005). Kim affirme qu'un physicalisme non réductionniste n'est pas une position cohérente. Il défend ce point de la façon suivante : il recourt au problème de la causalité mentale pour établir le réductionnisme ontologique (identité des occurrences). Sur cette base, il soutient que, dans la mesure où les théories des sciences spéciales possèdent une signification

---

[5] Pour un argument détaillé en faveur de cette thèse, voir Heil (2003), chapitres 2 à 7.

[6] Voir Antony et Levine (1997), en particulier p. 90, et Antony (1999), en particulier p. 9.

[7] Voir aussi Lewis (1994), notamment pp. 412–421.

scientifique, elles sont réductibles à des théories physiques, étant donné que tout ce qu'il y a dans le monde ce sont des configurations d'états physiques (voir aussi Kim 2008).

En effet, la thèse de l'identité des occurrences implique que ce sont les mêmes états qui rendent vraies tant les descriptions physiques que les descriptions fonctionnelles, voire les descriptions mentales : certaines configurations d'états physiques sont des états fonctionnels, voire des états mentaux. Le fonctionnalisme réductionniste n'admet pas de distinction entre des états ou des propriétés de premier ordre (c'est-à-dire, les états ou les propriétés physiques) et des états ou des propriétés de second ordre (c'est-à-dire, les états ou les propriétés fonctionnels). Les concepts et les descriptions fonctionnels font directement référence à des états physiques – à savoir, les configurations d'états physiques qui réalisent le rôle causal définissant un état fonctionnel d'un certain type : ce sont ces configurations qui rendent vraies les descriptions fonctionnelles, si celles-ci sont vraies. Les descriptions fonctionnelles, y compris les descriptions en termes mentaux, se comportent ainsi de la même manière qu'une description comme, par exemple, « être la substance la plus toxique ». Cette description fait référence à une certaine substance chimique dans une situation donnée, même si nous ignorons de quelle substance chimique il s'agit. De même, une description mentale – comme, par exemple, « avoir mal » – fait référence à une certaine configuration d'états physiques (plus précisément, à une certaine configuration d'états cérébraux) dans une situation donnée, même si nous ignorons de quelle configuration exacte d'états physiques il s'agit.

Que fait le fonctionnalisme réductionniste de la possibilité de réalisations multiples des types d'états fonctionnels ? Le fonctionnalisme réductionniste refuse de tirer une conclusion antiréductionniste de cet argument. Il met l'accent sur le fait suivant : s'il y a identité des occurrences, il est en principe possible de trouver une explication physique pour chaque occurrence d'état mental. Lewis (1970) a développé une méthode de réduction fonctionnelle qui montre comment, en principe, on peut remplacer n'importe quelle description fonctionnelle par une description physique – même s'il n'y a pas une seule description physique sous laquelle tombent toutes les occurrences d'états qui satisfont une description fonctionnelle donnée. Cette description explique pourquoi la configuration d'états physiques en question est un état mental du type M – à savoir, parce qu'elle réalise le rôle causal qui définit M.

Par ailleurs, il est vrai que la possibilité de réalisations multiples des types d'états mentaux empêche que, disons, la douleur, en tant que type d'état mental, soit identique à la stimulation des fibres-C, en tant que type d'état physique, parce qu'il est possible que les reptiles ou les Martiens, par exemple, ressentent aussi de la douleur sans posséder de fibres-C. Néanmoins, Kim, notamment, propose la stratégie suivante afin d'échapper à la conclusion non réductionniste que cherche à établir l'argument de la possibilité de réalisations multiples :[8] on peut imaginer qu'au sein d'une espèce définie, les types d'états mentaux soient identiques à des types d'états physiques. Autrement dit, le rôle causal qui définit le type d'état mental M – disons, l'état de douleur – est réalisé chez nous autres, êtres humains, par les occurrences du type d'état physique P_1, disons l'état de stimulation des fibres-C ; chez les tortues, ce même rôle causal est réalisé par les occurrences du type d'état physique P_2 (un autre type d'état corporel), etc. Une telle identité nous permet de réduire la théorie de la douleur chez les êtres humains à la théorie physique (neurobiologique) qui traite des fibres-C. De même, on peut réduire la théorie de la douleur chez les tortues (les reptiles) à la théorie physique qui traite du type d'état corporel en question, etc. Par conséquent, même si le type d'état mental M permet un nombre indéfini de réalisations physiques différentes, ceci n'exclut pas que, pour chaque espèce, il soit possible de réduire la description de M à une description physique. De plus, même si cette identité s'avérait limitée à des groupes plus petits que des espèces, ceci n'empêcherait pas la possibilité d'une réduction relative au groupe en question. On parle ainsi de réduction locale.[9]

---

[8] Lewis lui-même propose cependant une autre stratégie, abandonnant partiellement le fonctionnalisme. Voir Lewis (1980) / traduction française Lewis (2002). Cette stratégie de Lewis n'a pas trouvé beaucoup d'adhérents. Pour une critique fonctionnaliste, voir par exemple Shoemaker (1981), section 3.

[9] Voir Kim (1998), pp. 93–95 / traduction française Kim (2006), pp. 134–137, ainsi que Kim (2005), p. 25.

7.4 Le réductionnisme conservatif

Il y a pourtant une objection forte contre la conception de réduction locale. En effet, cette conception ne tient pas compte de l'unité des phénomènes qu'une théorie des sciences spéciales regroupe sous un seul concept. Or, toutes les entités subsumables sous un concept fonctionnel F d'une science spéciale ont quelque chose d'important en commun : elles produisent toutes des effets pertinents d'un même type, bien qu'étant réalisées par des configurations physiques différentes. Il se trouve qu'on perd cette unité si l'on propose des concepts comme « F dans P_1 » (« douleur-chez-les êtres humains »), « F dans P_2 » (« douleur-chez-les tortues »), etc. Ces concepts ne sont pas des concepts fonctionnels, mais des concepts hybrides physico-fonctionnels. Ainsi, ce qui constitue un ensemble homogène d'occurrences du point de vue d'une science spéciale, ici par exemple la psychologie, est rendu relatif aux différents types de configurations physiques qui réalisent le rôle causal décrit par un même concept F d'une science spéciale. Il ne reste donc aucune signification scientifique au concept fonctionnel F dans cette conception : il ne figure pas dans des lois, des explications, etc. La conception de la réduction locale risque dès lors d'aboutir à un éliminativisme par rapport aux ensembles homogènes d'occurrences d'états fonctionnels qui sont l'objet des descriptions, des théories et des lois des sciences spéciales. En effet, Kim lui-même est prêt à accepter cette conséquence éliminative quant aux sciences spéciales, aboutissant à la conclusion que les concepts fonctionnels (comme le concept de douleur, par exemple) sont dépourvus de qualité scientifique.[10]

Au lieu de proposer une réduction locale, on peut mettre en avant le raisonnement suivant afin de développer la réduction fonctionnelle en une réduction de théories qui soit cohérente avec le réductionnisme ontologique sans, pour autant, mettre en péril la qualité scientifique des sciences spéciales :

a) Si les entités qui rendent vraie l'application d'un concept fonctionnel F d'une science spéciale sont décrites par des concepts physiques différents P_1, P_2, P_3, etc., alors ces entités produisent les effets caractéristiques qui définissent F de différentes manières. Chaque concept physique P_1, P_2, P_3, etc., en définissant un type particulier de réa-

---
[10] Voir Kim (1999), pp. 17–18, Kim (2005), pp. 26, 58, et Kim (2008b), pp. 108–112.

lisateur de F, saisit une manière particulière dont sont produits les effets caractéristiques de F.

b) Les différentes manières de produire les effets qui caractérisent F aboutissent à la production d'effets accessoires qui sont liés à la façon dont sont produits les effets caractéristiques de F. Pour chacun de ces effets accessoires, on peut concevoir un environnement dans lequel il joue un rôle pertinent pour la réalisation de la fonction qui définit F.

c) On peut tenir compte de ces différents effets accessoires en précisant la définition fonctionnelle de F : on peut concevoir des sous-types de F. Chacun de ces sous-types F_1, F_2, F_3, etc., inclut la définition de F. Par ailleurs, ces sous-types se distinguent entre eux en tenant compte des différents effets accessoires que produit leur réalisateur respectif dans certains environnements. Il est en principe possible de concevoir pour chaque type fonctionnel F et chaque type physique P_n (réalisateur de F) un sous-type fonctionnel F_n qui a la même extension que P_n. Dès lors, ces sous-types fonctionnels de F ne peuvent pas être réalisés de différentes façons (ils n'admettent pas de réalisations multiples).

De cette façon, la possibilité de la réalisation multiple des types fonctionnels n'empêche pas que l'on puisse construire des concepts fonctionnels qui soient coextensifs à des concepts physiques. Si F est un type fonctionnel admettant une réalisation multiple, la définition de F est toujours vague. Il est toujours possible de préciser encore les effets caractéristiques de F en tenant compte des effets accessoires que produisent les différents réalisateurs de F dans différents environnements. Ainsi, on peut introduire des sous-types F_1, F_2, F_3, etc., qui sont coextensifs aux types physiques de réalisateurs P_1, P_2, P_3, etc. La réalisation multiple, au lieu d'être une affaire *inter-théorique*, empêchant la réduction des théories fonctionnelles (comme celles de la psychologie) à des théories physiques, s'avère donc être une affaire *intra-théorique*, concernant le degré d'abstraction des concepts fonctionnels par rapport aux détails physiques de leur réalisation, les concepts fonctionnels pouvant être en principe aussi précis que les concepts physiques décrivant les types de réalisateurs.

Comme mentionné sous le point 3 du chapitre précédent, le raisonnement principal qui explique pourquoi les types fonctionnels permettent une réalisation multiple se base sur la théorie biologique de l'évolution : les configurations d'états physiques qui réalisent des types d'états fonctionnels sont sélectionnées par rapport aux effets qu'ont ces derniers quant à la survie et à la reproduction des organismes chez lesquels on les trouve. Dès lors, c'est sur la fonction que porte la sélection naturelle, et non sur le type de configuration d'états physiques qui la réalise. Ainsi, différentes compositions physiques peuvent être sélectionnées si elles réalisent une même fonction favorable à la *fitness* des organismes chez lesquels on la trouve. Néanmoins, des différences dans la composition microphysique des organismes causent potentiellement des différences phénotypiques. Or, pour chaque différence phénotypique, on peut imaginer un environnement dans lequel cette différence a un effet sur la *fitness* des organismes chez lesquels on la trouve. Il est donc en principe possible de concevoir pour toute différence de composition physique, correspondant aux différentes façons dont est réalisée une même fonction F, une différence fonctionnelle.

Sur cette base, on peut intégrer toute théorie conçue en termes fonctionnels F dans une théorie physique fondamentale et universelle P, ceci en concevant des sous-types fonctionnels F_1, F_2, F_3, etc. coextensifs à des types physiques P_1, P_2, P_3, etc. (cf. figure 2).[11]

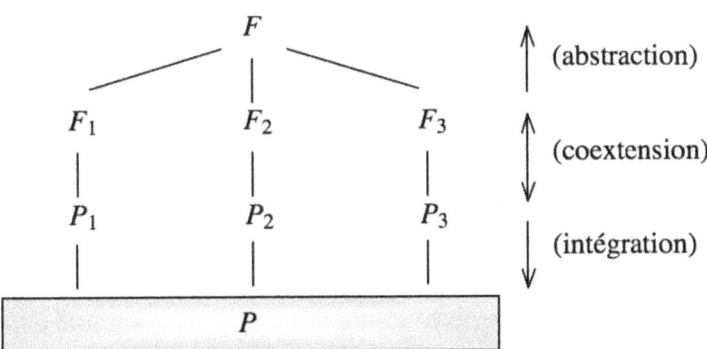

Figure 2 : la réduction au moyen de sous-types fonctionnels.

---

[11] Voir Esfeld (2009a), chapitre 24.2, pour une présentation en français facile d'accès, Esfeld et Sachse (2011), chapitre 5, pour un exposé détaillé ainsi que Soom, Sachse et Esfeld (2010) pour l'application de cette conception à la psychologie.

Indépendamment de la question de savoir si le fonctionnalisme, conçu en termes d'identité des occurrences, entraîne un réductionnisme épistémologique (réduction des descriptions fonctionnelles à des descriptions physiques) et si ce réductionnisme épistémologique peut être conservatif au lieu d'être éliminatif, le point important pour la philosophie de l'esprit est le suivant : si l'on admet une définition fonctionnelle des types d'états mentaux ainsi que la thèse de l'identité des occurrences, on dispose des outils conceptuels permettant de montrer comment les états mentaux sont intégrés dans le monde naturel. Il est en principe possible de donner une description physique de chaque état mental, et cette description explique pourquoi la configuration d'états physiques en question est un état mental : elle réalise le rôle causal qui définit un état mental du type M. Afin de gagner de telles explications, il n'est pas nécessaire de pouvoir identifier les types d'états mentaux à des types de configurations d'états physiques.[12]

7.5 LE PHYSICALISME A PRIORI ET LE PHYSICALISME A POSTERIORI

Mis à part l'opposition entre le fonctionnalisme réductionniste et le fonctionnalisme non réductionniste, un second débat important pour les sciences spéciales en général et les états mentaux en particulier oppose les versions *a priori* et *a posteriori* du physicalisme.[13] Cette discussion prend pour points de départ la thèse de la survenance psychophysique globale contingente (voir 4.2) ainsi que la conception fonctionnelle des états (y compris mentaux) que décrivent les sciences spéciales. Les philosophes australiens Frank Jackson (*1943) et David Chalmers (*1966) élaborent la thèse de la survenance psychophysique globale de façon à ce qu'elle entraîne un physicalisme *a priori* au sens suivant : si (1) on avait à disposition une description complète de la distribution des états physiques fondamentaux qui composent le monde et si (2) on connaissait les définitions fonctionnelles de tous les concepts des sciences spéciales, y compris les concepts de la psychologie et les concepts du sens commun en général, on pourrait (3) déduire de (1) en principe toutes les descriptions correctes des phénomènes que contiennent les sciences spéciales

---

[12] Cf. la conception d'explication réductionniste de Chalmers (1996), pp. 42–51.

[13] Voir Jackson (1998b), chapitres 1 à 3, et Chalmers et Jackson (2001), d'une part, et Block et Stalnaker (1999) et Laurence et Margolis (2003), d'autre part. Cf. aussi Beckermann (2004).

et le sens commun. Bien que (1) soit contingente et *a posteriori*, consistant en des connaissances empiriques, cette position est connue sous le nom de physicalisme *a priori* car (2), les définitions fonctionnelles des concepts des sciences spéciales, et (3) la procédure de déduction sont *a priori*, dans la mesure où elles ne requièrent pas de connaissances empiriques. En bref, la thèse hardie défendue par le physicalisme *a priori* est qu'une description complète de la distribution des états physiques fondamentaux du monde suffirait pour pouvoir déduire *a priori* toutes les descriptions correctes de ce qui existe dans le monde, à la seule condition qu'on possède les définitions de tous les concepts fonctionnels.

Par exemple, suivant cette position, si l'on connaît la chimie moléculaire (connaissance empirique, *a posteriori*) et si l'on connaît la définition du concept d'eau du sens commun comme liquide inodore, transparent, désaltérant, etc. (connaissance *a priori*), on peut déduire *a priori* de la chimie moléculaire que H_2O est le liquide qui satisfait la description de l'eau du sens commun. Le même raisonnement s'applique aux définitions des états mentaux du sens commun, à la condition de posséder des connaissances physiques (neurobiologiques) suffisantes – ce qui n'est pas encore le cas, mais ce qui est, en principe, possible.

Dans le camp physicaliste, les critiques du physicalisme *a priori*, soit les adhérents au physicalisme *a posteriori*, rétorquent que, même si nous possédions une description complète du domaine physique fondamental, aucune analyse *a priori* des concepts des sciences spéciales et du sens commun ne permettrait de déduire *a priori* de cette description physique fondamentale toutes les descriptions des sciences spéciales, y compris celles des états mentaux que mettent en avant le sens commun et la psychologie scientifique. Ils soutiennent notamment que (a) la corrélation entre les concepts scientifiques de la physique et les concepts du sens commun n'est pas une simple affaire de déduction *a priori* – même pas dans le cas des concepts eau / H_2O – et que (b) les définitions des concepts du sens commun, y compris celles des concepts mentaux du sens commun, ne sont pas une affaire de connaissances *a priori*, mais varient en fonction des connaissances empiriques que nous acquérons.[14] On reviendra brièvement sur ce thème dans le chapitre 10 (voir 10.1 et 10.3).

---

[14]Concernant ces deux points, voir notamment Laurence et Margolis (2003), pp. 261–267.

Ce débat touche toutes les sciences spéciales et soulève des questions épistémologiques importantes concernant la réduction d'une théorie T_1 à une autre théorie T_2 (rapport entre les concepts de différentes théories, conditions sous lesquelles on peut déduire T_1 à partir de T_2, etc.). Néanmoins, ce qui est d'une importance primordiale pour la philosophie de l'esprit, ce n'est pas de savoir si le physicalisme est *a priori* ou *a posteriori*, mais plutôt si la conception fonctionnaliste des états mentaux et la théorie de l'identité des occurrences sont correctes. À partir du prochain chapitre, on considérera sous cet aspect les thèmes du libre arbitre, de l'expérience vécue et du contenu conceptuel.

7.6 Résumé

si l'on accepte la thèse de l'identité des occurrences, alors le fonctionnalisme permet d'apporter une réponse claire au problème de la causalité mentale. La version standard du fonctionnalisme utilise l'argument de la réalisation multiple pour concevoir le fonctionnalisme comme un physicalisme non réductionniste. À moins de souscrire au réalisme des universaux, cet antiréductionnisme ne possède cependant pas de portée ontologique, mais épistémologique seulement. D'un point de vue ontologique, la thèse de l'identité des occurrences est un réductionnisme. Sur cette base, on peut argumenter en faveur d'une version épistémologiquement réductionniste du fonctionnalisme en proposant des identités de types fonctionnels et physiques qui se limitent à des espèces définies ou, autre stratégie, en concevant des sous-types fonctionnels coextensifs aux types physiques des réalisateurs. Quoi qu'il en soit, la conception fonctionnaliste et la thèse de l'identité des occurrences permettent en principe de fournir une explication physique de chaque occurrence d'un état mental. Le physicalisme *a priori* soutient qu'une description complète de la distribution des états physiques fondamentaux du monde suffirait pour déduire *a priori* toutes les descriptions correctes de ce qui existe dans le monde, pourvu qu'on possède les définitions de tous les concepts fonctionnels.

7.7 Suggestions de lecture

Sur les thèmes du fonctionnalisme et du réductionnisme : Antony et Levine (1997).

Sur le fonctionnalisme réductionniste de David Lewis : Lewis (1994), pp. 412–421.
Sur la réduction au moyen de sous-types fonctionnels : Soom, Sachse et Esfeld (2010).
Sur le physicalisme *a priori* : Chalmers et Jackson (2001).

7.8 Questions de contrôle

1) Comment le fonctionnalisme peut-il résoudre le problème de la causalité mentale ?

2) De quelle manière la thèse de l'identité des occurrences permet-elle de proposer une explication des états mentaux ?

3) Pourquoi, suivant la version standard du fonctionnalisme, les états mentaux sont-ils des états de second ordre ?

4) En quel sens la version standard du fonctionnalisme cherche-t-elle à montrer que les trois (voire les quatre) propositions qui constituent le problème de la philosophie de l'esprit peuvent être vraies conjointement ?

5) Pourquoi la version standard du fonctionnalisme est-elle néanmoins une version du physicalisme ?

6) Quelles sont les limites de la conclusion antiréductionniste que la version standard du fonctionnalisme tire de l'argument de la réalisation multiple ?

7) Quel est l'argument permettant de concevoir le fonctionnalisme comme un physicalisme réductionniste ?

8) Que veut dire la conception d'une réduction locale limitée à des espèces définies ? Quelle est l'objection centrale contre cette conception ?

9) Que veut dire la notion de sous-types fonctionnels ?

10) Pourquoi la réalisation multiple est-elle une affaire intra-théorique, et non une affaire inter-théorique, dans le cadre de la conception de la réduction au moyen de sous-types fonctionnels ?

11) Quel est exactement l'élément *a priori* dans la thèse du physicalisme *a priori* ?

12) Que peut-on objecter à cette thèse ?

7.9 Propositions de travail

- *Le fonctionnalisme et la causalité mentale* : reconstruction et évaluation critique de l'argument de Kim qui vise à établir que seule une théorie fonctionnaliste qui admet l'identité des occurrences peut répondre au problème de la causalité mentale. Littérature : Kim (2006), chapitres 1 et 4 ; Kim (2005), chapitre 2.
- *L'argument non réductionniste et sa portée* : reconstruction de l'argument de la réalisation multiple en faveur de la version non réductionniste du fonctionnalisme et évaluation de sa portée, notamment de la question de savoir s'il établit l'impossibilité de principe d'une réduction. Littérature : Fodor (1980) et Fodor (1997) ainsi qu'Antony et Levine (1997) et Antony (1999).
- *La thèse de l'identité des occurrences et ses implications ontologiques* : discussion du réductionnisme ontologique qu'on peut baser sur la thèse de l'identité des occurrences. Littérature : Heil (2003), chapitres 2 à 7.
- *La version réductionniste du fonctionnalisme* : reconstruction de la manière dont Lewis conçoit le fonctionnalisme et évaluation de la portée de sa version du fonctionnalisme. Littérature : Lewis (1966) et Lewis (1994), pp. 412–421, ainsi que Kim (2006), chapitre 4, et Kim (2005), chapitre 4.
- *La réduction au moyen de sous-types fonctionnels* : présentation et discussion de cette approche, de ses limites et de sa portée. Littérature : Soom, Sachse et Esfeld (2010) ; Esfeld et Sachse (2011), chapitre 5.
- *Le physicalisme a priori et le physicalisme a posteriori* : reconstruction du débat et évaluation des arguments en faveur et contre le physicalisme *a priori*. Littérature : Chalmers et Jackson (2001) contre Block et Stalnaker (1999) et Laurence et Margolis (2003).

Chapitre 8

LE LIBRE ARBITRE

But du chapitre : saisir la distinction entre la liberté d'action et le libre arbitre, savoir évaluer les arguments en faveur du libertarianisme et du compatibilisme.

8.1 La liberté d'action

La conception préphilosophique de la causalité mentale est étroitement liée à l'idée de liberté. En effet, si nous pouvons nous considérer comme des êtres libres, c'est dans la mesure où nous pensons que nos états mentaux possèdent une efficacité causale sur nos états physiques. La liberté concerne de prime abord nos intentions d'action. En philosophie, on fait une distinction entre la liberté d'action et la liberté de la volonté (la volonté libre ou le libre arbitre). La liberté d'action désigne la capacité que possède un individu d'exécuter ses intentions d'action ordinaires. La liberté de la volonté désigne, elle, la capacité de former soi-même ses intentions d'action.

Commençons avec la liberté d'action. Cette liberté nécessite l'absence d'obstacles qui nous empêcheraient d'exécuter nos intentions d'action ordinaires. Il peut y avoir des obstacles internes : si mon bras droit est paralysé, je ne peux pas exécuter mon intention de lever mon bras droit. Il peut y avoir aussi des obstacles externes : si l'on me lie les mains, je ne peux pas employer mon bras droit pour manger. Dès lors, je ne possède pas la liberté d'exécuter moi-même mon intention de manger. La mesure pour la liberté d'action est fixée par les capacités que les êtres humains possèdent normalement. Par exemple, le fait que je ne peux pas marcher sur l'eau ne compte pas comme une restriction de ma liberté d'action.

En l'absence d'obstacles internes ou externes à l'action, la causalité mentale est la condition nécessaire et suffisante pour réaliser la liberté d'action : une personne possède la liberté d'action si, et seulement si, ses intentions mentales d'agir produisent des effets physiques, à savoir les effets physiques qu'elle veut voir se produire. On comprend ainsi pourquoi la causalité mentale est au centre de la conception que nous nous faisons de nous-mêmes : si nos croyances, nos désirs et nos intentions ne causaient pas (une bonne partie, au moins) de notre comportement, nous ne pourrions pas nous considérer comme des êtres libres.

8.2 La volonté libre : le libertarianisme

Comme nous venons de le voir, la liberté d'action consiste en la capacité d'exécuter ses intentions mentales d'action. La liberté d'action n'est pas concernée par la question de savoir comment les intentions d'action d'un individu (ses volitions, au sens d'actes de volonté) s'élaborent. Cette question concerne la liberté de la volonté, le libre arbitre. La volonté est libre si, et seulement si, les volitions sont elles-mêmes libres. La conception que nous nous faisons de nous-mêmes inclut la croyance selon laquelle nous jouissons d'une volonté libre. La question est toutefois de savoir comment il faut analyser cette liberté de la volonté, ce libre arbitre.

Sur ce point, le débat central en philosophie moderne et contemporaine tourne autour de la question de savoir si une volonté libre admet des causes. En d'autres termes, il s'agit de déterminer si une intention d'action qui possède des causes peut être libre. Pour répondre à cette question, on peut se servir du critère suivant : si l'intention d'action d'une personne est libre, alors cette personne pourrait avoir l'intention d'agir autrement. Ce critère est au centre de notre conception naïve du libre arbitre, il est considéré comme indiquant une condition nécessaire et suffisante pour la réalisation de la liberté de la volonté. Dès lors, on considère que si une personne, bénéficiant de la liberté d'action, n'avait pas pu agir autrement qu'elle l'a fait dans une situation donnée, c'est qu'elle ne jouissait pas de la liberté de la volonté dans cette situation. Ainsi, on a tendance à penser que si, par exemple, mon intention de prendre telle boisson au petit-déjeuner ce matin était une volition libre, alors j'aurais pu effectuer un autre choix, j'aurais pu décider de prendre un thé à la place du café que j'ai effectivement bu. Le fait que j'ai pris un café ce matin par simple habitude, sans avoir réellement réfléchi au type de boisson que je voulais prendre pour mon petit-déjeuner, ne restreint pas la liberté de ma volonté dans cette situation. En effet, j'aurais pu y réfléchir et j'aurais pu me rendre compte que le café est malsain, et, partant, me décider à prendre un thé. Si, par contre, au moment de choisir quelle boisson j'allais consommer pour mon petit-déjeuner j'étais sous l'influence d'une drogue qui rend dépendant au café, je n'aurais pas pu agir autrement que je l'ai effectivement fait, et, dès lors, je n'aurais pas joui du libre arbitre dans cette situation.

Ce critère permettant de saisir intuitivement ce qu'est le libre arbitre constitue l'argument clé en faveur de l'une des deux conceptions philosophiques principales de la volonté libre, à savoir le « libertarianisme » (*libertarianism* en anglais). Cette conception maintient que si une personne avait pu agir autrement qu'elle l'a fait dans un contexte donné, il est exclu que l'acte de volonté qui a dirigé son action possède des causes (même s'il s'agit de causes probabilistes, au sens des probabilités objectives couvertes par des lois). Pour cette raison, on peut aussi désigner cette position sous le nom d'« incompatibilisme libertaire », car, selon elle, le libre arbitre est incompatible avec la présence de causes qui détermineraient la volonté. Pour le libertarianisme, une personne, dans un contexte donné, aurait pu former une intention d'action différente de celle qu'elle a effectivement formée, cela *étant donné exactement les mêmes circonstances et les mêmes désirs, et en ayant pondéré exactement de la même manière les mêmes raisons d'agir*. Autrement dit, les circonstances dans lesquelles une décision d'action est prise par une personne, ainsi que les désirs et les raisons d'agir que possède cette personne au moment où elle décide d'agir d'une certaine façon ne *déterminent* pas son intention d'action ; la personne se décide *librement* d'accomplir une certaine action sur la base de ses désirs et de ses raisons. D'après le libertarianisme, c'est si, et seulement si, cette condition est satisfaite qu'on peut dire qu'une personne fait un choix libre. Si, par contre, il y a des conditions qui déterminent le choix opéré par la personne (ou des conditions qui fixent une probabilité objective pour un certain choix), il n'y a pas de choix libre, parce que ce n'est pas la personne elle-même qui se détermine à agir de telle ou telle façon. Suivant le libertarianisme, la volonté libre est, dès lors, incompatible avec le déterminisme.[1]

L'indéterminisme ne peut cependant constituer qu'une condition nécessaire à la réalisation du libre arbitre, et non une condition nécessaire et suffisante. S'il existe, le hasard, au sens philosophique, a un pouvoir

---

[1] Voir surtout l'argument de van Inwagen (1983), chapitre 3, et la révision dans van Inwagen (2000).

causal : il produit des effets, mais il ne possède pas lui-même de causes (pas même de causes probabilistes). Le libre arbitre est toutefois distinct du hasard. Ainsi, une intention d'action aléatoire n'est pas libre. Une intention d'action est libre si, et seulement si, elle est le résultat d'une délibération – ou si elle avait pu être le résultat d'une délibération (voir la remarque fait ci-dessus au sujet des actions routinières, comme le choix de la boisson au petit-déjeuner). Dans les cas caractéristiques où l'intention d'action est libre, celui qui a décidé d'agir d'une certaine façon plutôt que d'une autre peut donner les raisons qui ont motivé son choix, au moins après réflexion. Dès lors, on considère dans ce cadre que si une personne a réfléchi (ou si elle avait pu réfléchir) aux raisons qu'elle avait d'agir d'une certaine façon avant de le faire, alors elle s'est décidée librement en faveur de l'action qu'elle a accomplie.

Une version importante du libertarianisme explique l'indéterminisme que présuppose la liberté de la volonté telle qu'elle est conçue dans ce cadre en faisant une distinction entre deux sortes de causalités. Cette version du libertarianisme remonte à Emmanuel Kant (1724–1804). Selon Kant, la liberté consiste en la capacité de commencer de nouvelles chaînes causales.[2] Suivant les philosophes contemporains qui mettent en avant une telle conception, il faut distinguer entre la causalité physique, consistant en des causes qu'on peut toujours faire remonter à d'autres causes – jusqu'au « big bang », si l'on veut (même si certaines de ces causes ne sont que probabilistes) –, et la causalité libre, à savoir des causes qui résultent d'une délibération et qui produisent des effets sans qu'elles soient elles-mêmes les effets d'autres causes.[3] Il y a pourtant, notamment dans la discussion actuelle, aussi des versions du libertarianisme qui se basent sur l'indéterminisme sans invoquer un dualisme strict de deux sortes de causalités. Ces versions cherchent à réduire le bagage métaphysique du libertarianisme traditionnel.[4]

Quoi qu'il en soit, le libertarianisme contredit dans tous les cas toutes les versions de la théorie de l'identité psychophysique ainsi que toutes les versions du fonctionnalisme. En effet, si les états mentaux sont identiques à des états physiques (c'est-à-dire, réalisés par ceux-ci), tous les états mentaux sont intégrés dans la chaîne causale des états phy-

---

[2] Voir *Critique de la raison pure*, A 444–447 / B 472–475.
[3] Voir notamment Chisholm (1982) et Hasker (1999), chapitre 4.
[4] Voir surtout Kane (1996), notamment chapitres 7 à 9.

siques. Il est sans importance ici de savoir si la causalité physique est déterministe ou probabiliste. Si l'explication de la volonté libre que propose le libertarianisme est correcte, les actions libres sont également incompatibles avec les lois probabilistes physiques, et pas uniquement avec les lois déterministes. En effet, les probabilités objectives que ces lois déterminent ne peuvent pas être influencées par un sujet agissant (cf. les remarques au sujet des probabilités physiques sous 2.2). Le libertarianisme entraîne ainsi le dualisme interactionniste. Le problème principal pour le libertarianisme n'est dès lors pas la question du déterminisme physique, mais celle de la causalité mentale – à savoir le dilemme qui découle du rejet du principe de la complétude causale du domaine des états physiques.

8.3 La volonté libre : le compatibilisme

Suivant l'autre position principale concernant le libre arbitre, la liberté de la volonté n'empêche pas que les intentions d'action libres aient des causes – qu'elles soient déterministes ou probabilistes (au sens où ce sont des lois de la nature qui fixent des probabilités objectives). Cette position est connue sous le nom de compatibilisme, parce que, selon elle, la volonté libre est compatible avec la complétude causale du domaine des états physiques. Néanmoins, cette position laisse ouverte la question de savoir si oui ou non le monde réel est régi par des lois déterministes. Le compatibilisme accepte le principe de la causalité mentale. De plus, il peut reconnaître le principe de la complétude causale, nomologique et explicative du domaine des états physiques et il peut s'accorder avec la théorie de l'identité psychophysique ainsi qu'avec le fonctionnalisme. si l'on souscrit à la théorie qui postule que les états mentaux sont identiques à des états physiques et si l'on accepte non seulement le principe de la liberté de l'action, mais encore celui de la liberté de la volonté, il faut mettre en avant une théorie du libre arbitre dans le cadre du compatibilisme.

Pour le compatibiliste, ainsi que pour l'adhérent au libertarianisme, certaines classes de causes empêchent qu'une action soit libre – par exemple, l'influence de drogues, la coercition physique, etc. L'absence de causes de ce type ne suffit cependant pas pour garantir la liberté de la volonté. Afin d'atteindre ce but, il faut proposer une conception de la volonté libre en termes positifs.

Une stratégie compatibiliste importante se focalise sur le processus de délibération conduisant à l'intention d'action. L'idée est qu'une intention d'action est libre si, et seulement si, la personne qui la forme la reconnaît réflexivement comme sienne. L'élaboration la plus influente de cette idée remonte aux travaux de Harry G. Frankfurt (*1929).[5] Ce philosophe fait une distinction entre deux sortes de désirs. Il y a des désirs de premier ordre, comme le désir de boire une bière, le désir de réussir un examen, le désir de passer ses vacances à la mer, etc. De plus, il y a des désirs de second ordre, qui portent sur des désirs de premier ordre. Il s'agit des désirs d'avoir des désirs de premier ordre d'un certain type. Les désirs de second ordre pertinents pour la volonté libre sont les désirs que certains types de désirs de premier ordre forment la volonté de celui qui les possède. Frankfurt parle de volitions de second ordre. Par exemple, un fumeur peut désirer que le désir d'arrêter de fumer forme sa volonté. Il peut cependant aussi désirer que le désir de fumer continue à former sa volonté. Continuer à fumer est une volition libre si, et seulement si, le fumeur est capable d'entretenir une telle volition de second ordre, se décidant donc d'une façon réfléchie en faveur du fait de continuer à fumer et, ainsi, s'identifiant avec la volonté de fumer.

Suivant cette théorie, une intention d'action est libre si et seulement si, après réflexion, la personne qui la forme reconnaît que l'intention d'action en question est en accord avec les volitions de second ordre qui guident le processus de formation de sa volonté. En bref, c'est une condition nécessaire et suffisante pour posséder une volonté libre que de prendre soin des désirs qui forment sa volonté et de s'identifier avec sa volonté ainsi formée (même dans le cas extrême où celle-ci consiste en la volonté de se suicider). Cette position inclut la notion d'autonomie. En adoptant des volitions de second ordre et en prenant ainsi soin des désirs qui forment sa volonté, un individu s'impose à lui-même des normes et il s'efforce de faire en sorte que ces normes guident sa volonté. La liberté de la volonté revient donc, selon Frankfurt, à être libre de désirer (premier ordre) ce qu'on veut désirer après réflexion (second ordre).[6]

---

[5] Voir surtout Frankfurt (1971).

Les objections contre la théorie de Frankfurt concernent notamment la question de savoir si sa conception des volitions de second ordre suffit à garantir que la personne s'identifie avec ses volitions.[7] Au cas où cette théorie peut répondre de manière convaincante à cette critique, elle peut revendiquer le mérite d'expliquer, dans le cadre du compatibilisme, le fait que nous nous considérons comme des êtres libres.

Rien n'empêche que le processus qui consiste à former sa volonté par des désirs de second ordre possède des causes. Suivant le compatibilisme, il est essentiel pour la liberté de la volonté de ne pas se laisser entraîner par ses désirs, mais de réfléchir au type de volonté qu'on désire posséder – indépendamment de la question de savoir si cette réflexion possède, ou non, des causes, voire même des causes déterministes (c'est-à-dire des causes qui déterminent d'avance le résultat de ce processus de réflexion, même si l'on ne peut pas prédire ce résultat).

Le compatibiliste peut-il accepter la proposition qui dit que si une intention d'action est libre, alors la personne qui l'a formée aurait pu agir autrement qu'elle l'a fait ? Plusieurs compatibilistes rejettent cette proposition suite à un argument de Frankfurt (1969) qui remet en cause la présupposition selon laquelle elle exprimerait un trait essentiel de notre compréhension préphilosophique du libre arbitre et de la responsabilité.[8] Un compatibiliste peut néanmoins accepter qu'un critère de la volonté libre consiste en la possibilité, pour une personne dans un contexte donné, d'avoir pu agir d'une autre façon qu'elle l'a effectivement fait, pourvu qu'il rejette l'analyse de cette proposition suivant laquelle la personne en question aurait pu former une autre intention d'action, étant donné exactement les mêmes circonstances, en ayant eu les mêmes désirs et après avoir pris en considération exactement de la même manière les mêmes raisons d'action. Au contraire, selon le compatibilisme, cette personne aurait pu agir autrement uniquement si elle avait possédé d'autres désirs de second ordre, à savoir si elle avait souhaité que d'autres désirs de premier ordre forment sa volonté. Par exemple, j'aurais pu boire un thé au lieu d'un café au petit-déjeuner ce matin si

---

[6] Pour une version récente du compatibilisme qui s'inspire de la théorie de Frankfurt et qui est facile à comprendre, étant présentée sous la forme d'une narration, voir Bieri (2001).

[7] Pour une version récente de cette objection, voir Pettit (2001), chapitre 3.

[8] Voir surtout Dennett (1984), chapitre 6.

j'avais accepté une théorie selon laquelle le thé est bon pour la santé tandis que le café est malsain et si j'avais eu le désir de second ordre que des désirs de premier ordre qui sont bons pour ma santé déterminent ma volonté. Rien n'empêche cependant qu'un tel processus de réflexion ait des causes.

D'après le compatibilisme, la possibilité d'agir autrement étant donné les mêmes désirs et les mêmes raisons n'est en rien souhaitable. Une personne est libre si ses intentions d'action sont en accord avec sa représentation de ce qu'elle souhaite elle-même être. Une liberté consistant à pouvoir être une personnalité différente de celle qu'on souhaite être après réflexion n'aurait aucune raison d'être. De plus, le compatibiliste reproche au libertarianiste le fait que sa conception du libre arbitre n'est pas intelligible. Une liberté acausale, c'est-à-dire qui échapperait à tout enchaînement de causes et de raisons, n'est pas compréhensible. Il s'agit d'une analyse erronée du concept de liberté. En effet, la liberté ne signifie pas l'absence de causes mais, en ce qui concerne l'action, l'absence d'obstacles empêchant une personne d'exécuter ses intentions d'action et, en ce qui concerne la volonté, l'absence d'obstacles l'empêchant de former sa volonté par des désirs de second ordre – en d'autres termes, termes positifs, la liberté de la volonté consiste pour une personne en la capacité de prendre soin de sa volonté en la formant suivant sa propre vision de la personne qu'elle désire être.

Le compatibilisme propose de respecter le lien que reconnaît le sens commun entre la volonté libre et la responsabilité morale. Une personne qui ne se laisse pas entraîner par ses désirs, mais qui en prend soin, veillant à ce que sa volonté soit formée par les désirs qu'elle désire avoir, satisfait à la condition nécessaire et suffisante pour qu'on puisse lui imputer ses actions. En fait, on considère la capacité de prendre soin de ses désirs – indépendamment de la question de savoir si cette capacité fut exercée – comme suffisante pour imputer la responsabilité de ses actions à une personne. Pour plaider en faveur de circonstances atténuantes, il faut montrer que la personne en question ne possède pas cette capacité ou n'a pas pu l'exercer dans la situation en question.

La version du compatibilisme qui s'associe aux travaux de Frankfurt propose une analyse conceptuelle de ce que signifie la volonté libre sans employer la notion de responsabilité. Elle cherche à montrer que la volonté libre, ainsi conçue, entraîne la responsabilité morale. Il y a d'autres versions du compatibilisme qui, au contraire, définissent la liberté de la volonté en termes de responsabilité, prenant comme point de départ l'habitude que nous avons de nous attribuer la responsabilité de nos actions, et d'attribuer aux autres la responsabilité de leurs actions respectives.[9]

Ce qui compte pour la philosophie de l'esprit, c'est qu'il existe des conceptions détaillées du libre arbitre – à l'instar de celle de Frankfurt et de celles qui s'inspirent de ses travaux – qui montrent que la volonté libre peut faire partie intégrante du monde physique. La liberté dont nous jouissons ne constitue pas, dès lors, un argument concluant en faveur du dualisme interactionniste. Vu qu'il y a des positions compatibilistes au sujet de la liberté de la volonté, prendre le thème de la volonté libre en considération ne change rien à l'argument de la causalité mentale pour la théorie de l'identité psychophysique et pour son élaboration sous la forme d'une position fonctionnaliste.

8.4 Résumé

Tant la liberté d'action que la liberté de la volonté sont des traits essentiels de la conception que nous nous faisons de nous-mêmes. À condition qu'il n'y ait pas d'obstacles internes ou externes à l'action, la causalité mentale est la condition nécessaire et suffisante pour réaliser la liberté d'action. La liberté de la volonté (le libre arbitre) signifie non seulement que l'action est libre, mais encore que la volonté elle-même est libre. Suivant le libertarianisme, la liberté de la volonté nécessite l'absence de quelque cause que ce soit. Le libertarianisme présuppose le dualisme interactionniste. Selon le compatibilisme, par contre, il peut y avoir de la volonté libre même dans un monde déterministe. La liberté de la volonté n'exclut pas que les intentions d'action aient des causes, voire des causes déterministes. Cette conception est compatible avec la théorie de l'identité psychophysique ainsi qu'avec le principe de la complétude causale, nomologique et explicative du domaine des états physiques. Selon une version répandue du compatibilisme, la volonté libre d'une personne consiste en des volitions de second ordre, auxquelles elle s'identifie, qui ont pour but que certains types de désirs de premier ordre forment sa volonté.

---

[9]Voir par exemple Pettit (2001), chapitres 1 à 4, qui définit la liberté de la volonté comme aptitude d'être responsable (*fitness to be held responsible* en anglais).

8.5 Suggestions de lecture

Pour une vue d'ensemble du débat autour de la volonté libre : les articles dans Kane (2001) et Kane (2002).
Sur le libertarianisme : Chisholm (1982), Kane (1996), chapitres 7 à 9.
Sur le compatibilisme : Frankfurt (1971).

8.6 Questions de contrôle

1) En quoi la liberté d'action se distingue-t-elle de la liberté de la volonté ?
2) Pourquoi la possibilité d'avoir pu agir autrement sert-elle de critère pour la volonté libre ?
3) Quel est le lien entre la possibilité d'avoir pu agir autrement et le libertarianisme ?
4) Quelle est la distinction entre les deux sortes de causalités que proposent certaines versions du libertarianisme ?
5) Quel est le problème principal pour le libertarianisme ?
6) Pourquoi l'absence de certaines classes de causes (comme, par exemple, l'action de drogues ou la coercition physique) n'est-elle pas suffisante pour que la volonté soit libre ?
7) Quelle est, selon Frankfurt, la distinction entre les désirs de premier ordre et les désirs ou les volitions de second ordre ?
8) Quel est le problème principal pour la théorie de Frankfurt ?
9) Quel est le lien entre la volonté libre et la responsabilité morale ?
10) Le compatibilisme peut-il respecter ce lien ?

8.7 Propositions de travail

– *La condition d'avoir pu agir autrement comme argument en faveur du libertarianisme* : reconstruction et discussion critique de cet argument. Littérature : van Inwagen (1983), chapitre 3 ; van Inwagen (2000).
– *La causalité physique et la causalité libre* : reconstruction et discussion critique de la distinction entre ces deux sortes de causalités. Littérature : Chisholm (1982) ; Hasker (1999), chapitre 4.

– *Les volitions de second ordre* : reconstruction de la théorie de Frankfurt et évaluation de la question de savoir si cette théorie constitue une analyse convaincante de la volonté libre. Littérature : Frankfurt (1971) ; Pettit (2001), chapitre 3.
– *La volonté libre et la responsabilité* : discussion critique de la conception qui définit la liberté de la volonté en termes de responsabilité. Littérature : Pettit (2001), chapitres 1 à 4.
– *Le débat entre le libertarianisme et le compatibilisme* : développez votre point de vue eu égard à ce que signifie la volonté libre. Littérature : choisissez vos articles de référence dans Kane (2001) et Kane (2002).

Chapitre 9

LE DÉFI DE L'EXPÉRIENCE VÉCUE

But du chapitre : comprendre les arguments en faveur de l'idée que les états phénoménaux sont d'une nature intrinsèque ; savoir évaluer ces arguments.

9.1 L'ARGUMENT DE PERSPECTIVE SPÉCIFIQUE ET L'ARGUMENT DU SAVOIR

Les états phénoménaux sont ceux de nos états mentaux qui ne se définissent pas par un contenu conceptuel, mais par une certaine qualité phénoménale ou sensorielle. Pour cette raison, on les désigne sous le terme de *qualia*. Des exemples de ces états sont la sensation produite par la vue de la couleur rouge, le goût d'un bon vin, la sensation du son d'une clarinette, le sentiment de la douleur, de la joie ou de l'angoisse, ou encore la sensation produite par les effets d'une drogue.

Il y a plusieurs arguments qui visent à établir que ces états sont des états intrinsèques – c'est-à-dire, des états dont le trait caractéristique est indépendant des autres états. Il faut faire une distinction entre états intrinsèques et états internes : certains des états internes d'une personne, contrairement à ses états intrinsèques, peuvent consister en des relations – pourvu que celles-ci soient des relations internes à la personne. Par exemple, si une configuration d'états cérébraux réalise un état mental fonctionnel de type M, c'est grâce à certaines relations qu'entretiennent entre eux ces états cérébraux qu'ils constituent l'état mental fonctionnel en question. Par conséquent, les arguments qui cherchent à montrer que les états phénoménaux sont des états intrinsèques visent à établir qu'ils ne sont pas des états fonctionnels et qu'ils ne sont pas identiques à des états physiques. Tous ces arguments prennent comme point de départ la manière dont nous concevons nos états phénoménaux. Ils cherchent donc à fonder une conclusion métaphysique sur une base épistémologique.

Selon Thomas Nagel (1974), il y a pour chaque espèce d'êtres vivants et conscients une perspective spécifique d'expérience vécue ou, pour le dire autrement, une façon spécifique de vivre l'expérience du monde qui équivaut à ce que cela fait d'être un membre de l'espèce en question (« What it is like to be … »).[1] Cette perspective n'est pas accessible aux membres d'une autre espèce. Par exemple, suivant Nagel, nous pouvons imaginer l'expérience vécue que nous aurions si nous étions des chauves-souris (si nous nous orientions dans l'espace grâce à l'écholocation, etc.). Nous ne pouvons cependant pas savoir quelle est l'expérience vécue d'une chauve-souris elle-même. Les réflexions de Nagel, connues sous le nom de l'argument de perspective spécifique, aboutissent à une objection contre la théorie qui postule que les états mentaux sont identiques à des états physiques : les états mentaux phénoménaux constituent une perspective particulière qui ne fait pas partie du monde physique et qui ne consiste pas en un état fonctionnel. En d'autres termes, les états mentaux correspondant à l'expérience vécue d'être un être humain, ou ceux correspondant à l'expérience vécue d'être une chauve-souris ne seraient pas des faits physiques. Ces faits possèderaient une nature intrinsèque non physique.

Il y a un autre argument très connu qui vise à établir une conclusion similaire. Cet argument est connu sous le nom de l'argument du savoir (*knowledge argument*). Frank Jackson, dans deux articles célèbres, intitulés « Epiphenomenal qualia » (1982) et « What Mary didn't know » (1986), nous propose de considérer la situation suivante : Marie est, dès sa naissance, enfermée dans un environnement où il n'y a pas de couleurs. Elle dispose d'un téléviseur qui lui montre toutes sortes de choses en noir et blanc. Il se trouve que Marie est un génie. Elle n'a donc aucune difficulté à devenir une spécialiste en neurobiologie de la vision. Elle acquiert ainsi toutes les connaissances physiques et fonctionnelles pertinentes pour comprendre la vision humaine. Ceci lui permet de parler avec les gens, depuis la pièce où elle vit, de toutes sortes d'aspects du monde extérieur, y compris de la couleur des objets qui le peuplent. En effet, comme elle possède toutes les connaissances physiques liées à la compréhension de la vision (l'influence de la nature de la surface des objets sur la façon dont on les voit, les lois de réflexion, les longueurs d'onde des couleurs, etc.), elle sait quand il est correct d'appliquer les concepts de rouge, de vert, de bleu, etc. à un objet particulier en disant « Ceci est rouge », etc. Néanmoins, il lui manque les sensations de rouge, de bleu, etc. L'expression « sensation de rouge » désigne l'impression

---
[1]Traduction française : Nagel (1984), chapitre 12.

sensorielle que des objets rouges causent chez des êtres humains dotés d'une vision normale. Cette impression n'est, bien sûr, pas elle-même rouge. Si quelque chose est rouge, ce sont des objets physiques – même s'il est plausible de maintenir que les couleurs ne sont pas des qualités primaires des objets, mais des propriétés dispositionnelles ou des propriétés relationnelles.

Un jour, Marie sort de sa prison et voit une tomate mûre. D'après Jackson, en voyant cette tomate mûre, Marie acquiert des connaissances qu'elle n'avait pas jusque-là : ayant eu une sensation de rouge, Marie sait désormais comment la couleur des tomates mûres apparaît aux êtres humains. Jackson soutient que cette connaissance se rapporte à des faits que Marie ne connaissait pas jusqu'alors. Selon Jackson, il existe donc des faits phénoménaux, comme le fait d'éprouver la qualité phénoménale de la couleur rouge, par exemple. Or, étant donné que Marie connaissait déjà tous les faits physiques et fonctionnels avant de pouvoir sortir de sa prison, il s'ensuit que les faits phénoménaux ne sont pas des faits physiques ou fonctionnels.

L'argument de Jackson a une portée générale : il s'applique à tous les types d'expérience vécue, comme le goût d'un bon vin, la sensation des effets d'une drogue, l'état amoureux, etc. Jackson concède pourtant que, comme les états phénoménaux ne sont pas des états physiques, ils sont des épiphénomènes : étant donné le principe de la complétude causale du domaine physique, il est impossible que les états non physiques d'expérience vécue exercent une influence causale sur notre comportement.

9.2 Les arguments des qualia inversés et des qualia absents

À côté de l'argument dit du savoir, il y a un autre type d'arguments qui attaque directement la conception fonctionnelle des états phénoménaux, mais aussi la thèse qui défend la survenance globale de ces états sur des états physiques. Avec ces arguments, on essaie de montrer qu'il n'y a pas de relation systématique entre un état fonctionnel d'un certain type et une expérience vécue d'un certain type. Par là, on cherche à établir que les états phénoménaux sont des états intrinsèques qui ne sont pas des états fonctionnels et qui ne sont pas identiques à des états physiques.

L'argument le plus connu de ce type est celui dit des *qualia* inversés.² Le point de départ de cet argument consiste à maintenir qu'on peut imaginer des personnes chez qui une anomalie de la vision fait que toutes leurs sensations de couleurs sont inversées de façon systématique. On soutient alors qu'il est métaphysiquement possible que de telles personnes existent. On peut imaginer qu'il y a, chez ces personnes, une confusion systématique entre, par exemple, les sensations de rouge et de vert : les tomates mûres leur causent une sensation de vert, les concombres leur causent une sensation de rouge, etc. Ces personnes se comportent néanmoins de façon normale : elles appliquent le mot « rouge » à leurs sensations de vert et le mot « vert » à leurs sensations de rouge. Autrement dit, ces personnes sont dans des états qui ont les mêmes fonctions que ceux que possèdent les personnes dotées d'une vision normale, alors même que les états phénoménaux des premières ne sont pas les mêmes que ceux des secondes. Par conséquent, des cas de confusion systématique de couleurs seraient indiscernables du point de vue d'une définition fonctionnelle des états mentaux.

L'argument des *qualia* inversés porte uniquement sur les sensations de couleurs. Il ne s'applique pas à d'autres types de sensations. Un cas de sensation de douleur inversée de façon systématique, par exemple, ne serait pas un cas de sensation de douleur d'un point de vue fonctionnel : il ne provoquerait pas de façon systématique les comportements caractéristiques de douleur. (David Lewis, par contre, soutient qu'il est possible qu'il y ait des cas de sensations de douleur inversées et propose, sur cette base, une modification de la théorie fonctionnelle des états phénoménaux).³

Néanmoins, si l'argument des *qualia* de couleurs inversés est concluant, il réfute l'existence d'un lien systématique entre la définition d'un état mental en termes fonctionnels et une expérience vécue d'un certain type. On peut renforcer cet argument en le développant pour en faire un argument connu sous le nom de l'argument des *qualia* asbents (ou l'argument des zombis).⁴ Suivant cet argument, il est conce-

---

²Voir Block et Fodor (1972), pp. 172–174, comme source principale de la discussion contemporaine. Cf. John Locke (déjà), *Essai sur l'entendement humain* (1689), livre 2, chapitre 32, § 15.

³Voir Lewis (1980) / traduction française Lewis (2002). Voir plus haut chapitre 7.3, note 8.

vable qu'il existe des êtres qui sont dans des états ayant exactement les mêmes fonctions que nos états mentaux, mais qui n'éprouvent aucune expérience vécue. Par exemple, ces êtres peuvent être dans des états qui sont fonctionnellement indiscernables des états de douleur, mais ils ne ressentent aucune douleur. Personne ne maintient qu'il est réellement possible pour nous d'être dans des états fonctionnels de ce type sans éprouver de *qualia*. L'adhérent à l'argument des *qualia* asbents propose cependant qu'il existe un monde métaphysiquement possible dans lequel il y a des êtres qui sont dans des états fonctionnels des mêmes types que les nôtres sans éprouver d'expériences vécues d'aucune sorte. L'argument des *qualia* asbents, contrairement à celui des *qualia* inversés, touche tous les types d'états phénoménaux.

9.3 Les connaissances physiques et les connaissances phénoménales

Ces arguments sont-ils convaincants ? Revenons sur l'argument du savoir de Jackson. Cet argument a provoqué une discussion qui continue de nos jours. Il y a deux éléments de cet argument qui sont acceptés par presque tous les intervenants au débat :
- Marie peut, en principe, connaître tous les faits physiques et fonctionnels qui sont pertinents pour comprendre la vision humaine. Ces faits sont objectifs. Pour les connaître, il faut des capacités sensorielles quelconques. En effet, la connaissance des faits physiques ne dépend pas de capacités sensorielles particulières (comme l'expérience visuelle des couleurs).
- Marie apprend quelque chose quand elle sort de sa prison.[5]

La controverse porte sur ce que Marie apprend exactement quand elle voit une tomate mûre. Jackson cherche à tirer une conclusion métaphysique d'un argument épistémologique : Marie acquiert de nouvelles connaissances, ces connaissances se réfèrent à des faits qu'elle ne connaissait pas jusqu'alors, donc il existe des faits non physiques.

Une manière de s'opposer à cette conclusion est d'avancer l'argument suivant : quand Marie sort de sa prison et voit une tomate mûre, elle

---

[4]Voir Block et Fodor (1972), pp. 173–174, et pour une version sophistiquée Chalmers (1996), chapitres 3 à 5.

[5]Dennett, cependant, conteste ce point, parce qu'il adopte une attitude éliminative envers les qualia. Voir Dennett (1991a) / traduction française Dennett (1993), chapitre 11, section 6.

n'apprend pas de nouveaux faits (connaissances propositionnelles), mais elle acquiert une nouvelle aptitude ou un nouveau savoir-faire (*know how*).[6] Elle possède maintenant l'aptitude à se représenter la manière dont les couleurs apparaissent aux êtres humains. De façon générale, par le biais des expériences vécues on acquiert des aptitudes de représentation ou d'imagination, mais pas de savoirs propositionnels.

Jackson (1986) rétorque contre cet argument qu'il est vrai que Marie acquiert une nouvelle aptitude en voyant une tomate mûre, mais que ceci n'est pas tout ce qu'elle apprend. D'après Jackson, elle acquiert bien en plus un nouveau savoir propositionnel : elle connaît maintenant des faits sur la manière dont les *autres* ressentent les couleurs. Or, elle ne peut pas connaître ces faits sans avoir eu elle-même l'expérience vécue des couleurs. Sortant de sa chambre, Marie peut se demander si elle vient d'apprendre comment les tomates rouges apparaissent à des gens qui ont une vision normale ou si une telle généralisation sur la base de sa propre expérience n'est pas justifiée – en supposant que Marie ait reçu des leçons sur le scepticisme au sujet des états mentaux d'autrui (Les autres êtres humains ne pourraient-ils pas être des zombis qui n'ont pas d'expériences vécues ?). Or, ceci est une question qui, suivant Jackson, ne concerne pas des aptitudes de Marie, mais les expériences phénoménales d'autrui. Si Marie rejette le scepticisme au sujet des états mentaux d'autrui, elle constate qu'elle a acquis des connaissances qui portent sur des faits de l'expérience vécue d'autrui, des faits non physiques.

La plupart de ceux qui s'opposent à la conclusion de Jackson concèdent que la réponse en termes d'aptitude n'est pas suffisante à elle seule. Ils cherchent à renforcer cette réponse de la façon suivante : en sortant de sa prison et en voyant une tomate rouge, Marie apprend à appliquer des concepts comme celui de rouge et celui de l'expérience du rouge de façon directe, sur la base de ses sensations.[7] Précédemment, elle les a appliqués sur la base d'une description, se fondant sur des critères tels que les longueurs d'ondes réfléchies par les différents types de surfaces, par exemple. À ce propos, on peut évoquer la distinction qu'introduit Bertrand Russell (1872–1970) entre la connaissance par expérience directe (*knowledge by acquaintance*) et la connaissance par description (*knowledge by description*).[8] Cette distinction ne concerne

---

[6]Voir Nemirow (1990) et Lewis (1990).
[7]Voir par exemple Churchland (1985), section 4.

que notre accès cognitif au monde : les concepts impliqués dans ces deux types de connaissances portent sur les mêmes états. Autrement dit, quand Marie sort de sa prison, elle n'apprend pas de nouveaux faits, elle se réfère aux mêmes faits mais en y accédant cognitivement d'une autre façon. En bref, elle apprend une nouvelle manière d'accéder aux couleurs et aux expériences vécues des couleurs d'autrui.

La façon classique d'élaborer cette conception consiste à dire qu'il y a deux manières d'appliquer des concepts : une manière non inférentielle et une manière inférentielle. Chaque concept peut être appliqué de manière inférentielle, et au moins certains concepts peuvent – et doivent – aussi être appliqués de manière non inférentielle. Par exemple, on peut inférer du bulletin météorologique diffusé par la radio qu'il pleut, mais on peut aussi appliquer le concept de pluie de manière non inférentielle en regardant par la fenêtre. Wilfrid Sellars (1912–1989), notamment, développe une telle conception des types d'applications des concepts.[9]

si l'on applique cette conception au cas de Marie, on considère que le concept de rouge qu'elle possède dans sa prison est le même que celui qu'elle continue à utiliser une fois sortie. En effet, on possède un concept, celui de rouge par exemple, si, et seulement si, on maîtrise ses conditions d'application (c'est-à-dire, qu'on sait quand il est correct de dire de quelque chose « Ceci est rouge », par exemple) ainsi que les inférences que l'emploi de ce concept autorise (par exemple : « Si ceci est rouge, alors la chose n'est pas bleue » ou « Si ceci est rouge, alors la chose possède une couleur stimulante »). Or, Marie peut maîtriser les conditions d'application du concept de rouge dans sa prison sur la base de critères comme la nature de la surface des objets, la manière dont les objets reflètent la lumière, les notions théoriques concernant les longueurs d'ondes, etc. Ainsi, quand elle sort de sa pièce, elle apprend une nouvelle manière d'appliquer le concept de rouge, à savoir l'application non inférentielle de ce concept, application causée par des sensations, sans que des critères conceptuels n'interviennent. Néanmoins, cette application non inférentielle présuppose certaines connaissances comme celles portant sur les conditions standard permettant l'application non inférentielle des concepts de couleurs. Cette position a donc pour consé-

---
[8] Voir Russell (1912) / traduction française Russell (1989), chapitre 5.
[9] Voir Sellars (1956) / traduction française Sellars (1992), chapitres 1 à 9.

quence qu'une personne dotée d'une vision normale et une personne aveugle peuvent toutes deux posséder le même concept de rouge.

Dans la discussion actuelle, la plupart des philosophes qui rejettent la conclusion métaphysique de Jackson concèdent plus que cette conception admet : on introduit une distinction entre des concepts physiques (ou des concepts fonctionnels) et des concepts phénoménaux[10] – et, de plus, une distinction entre des croyances phénoménales et des croyances non phénoménales.[11] Ces deux types de concepts se réfèrent aux mêmes états (mêmes propriétés), mais il s'agit de concepts différents : leur contenu n'est pas le même. Les concepts physiques ne sont pas liés à un certain mode d'acquisition. Leur contenu se définit par des relations inférentielles à d'autres concepts physiques, relations qui sont incorporées dans des théories physiques. Les concepts phénoménaux, par contre, ne peuvent être acquis que par des expériences vécues d'un certain type. Pour maîtriser ces concepts, il faut avoir des sensations d'un certain type (des expériences vécues) et posséder, voire exercer, l'aptitude à imaginer les qualités phénoménales en question. Suivant John Perry (*1943), la distinction entre ces deux types de concepts correspond à une distinction entre contenus conceptuels objectifs et contenus conceptuels de reconnaissance, les concepts phénoménaux n'ayant qu'un contenu de récognition.[12]

En bref, d'après cette position, Marie, enfermée dans sa chambre dépourvue de couleurs, possède le concept physique de rouge. En sortant de sa prison et en voyant une tomate mûre, elle acquiert le concept phénoménal de rouge. Ces deux concepts portent sur le même état (la même propriété), à savoir l'état d'être rouge (la propriété d'être rouge). Cette conclusion fait pourtant l'objet de disputes. Ceux qui la rejettent maintiennent que cette distinction conceptuelle signifie qu'on est bien là en présence de propriétés différentes : d'une part, la propriété physique (ou fonctionnelle) de rouge et, d'autre part, la propriété phénoménale de rouge, cette dernière étant une propriété intrinsèque non physique.[13]

---

[10] Voir surtout Loar (1997) et Papineau (2002), chapitres 2 et 4.

[11] Voir Nida-Rümelin (1998). Nida-Rümelin emploie cette distinction cependant pour soutenir la conclusion métaphysique de Jackson, acceptant un dualisme des propriétés. Voir Nida-Rümelin (2007).

[12] Voir Perry (2001), chapitres 5 à 7.

si l'on admet l'existence de concepts phénoménaux, on ne contredit pas nécessairement l'argument que Wittgenstein développe dans *Les investigations philosophiques* selon lequel il ne peut pas y avoir de langage privé (§§ 243–401 ; voir sous le point 5.1 de ce livre). En effet, on peut maintenir que les concepts phénoménaux ne sont pas des concepts privés dans la mesure où la possession de ces concepts nécessite la maîtrise de critères publics d'application (comme l'exemplifie le cas de Marie). La question que pose cette stratégie basée sur le fait de postuler des concepts phénoménaux pour tenir compte de l'expérience vécue est celle de savoir s'il est plausible de soutenir qu'il existe des concepts dont le contenu est lié à des sensations d'un certain type et à certaines aptitudes d'imagination.

9.4 Les états phénoménaux comme des états intentionnels

Certains philosophes contemporains, notamment Fred Dretske (*1932) et Michael Tye, maintiennent que les états phénoménaux sont eux-mêmes des états intentionnels, ayant un contenu qui est n'est pas conceptuel : selon eux, les *qualia* sont des représentations.[14] Par exemple, la manière dont les couleurs nous apparaissent est une manière dont nous nous représentons l'environnement. L'état de douleur, pour prendre un autre exemple, représente un état de lésion d'un organe corporel. Les états émotionnels en général (comme la joie ou la mélancolie, par exemple), même s'ils ne sont pas éprouvés comme localisés à un certain endroit dans le corps, représentent une certaine disposition du corps pris dans sa totalité.

Michael Tye, dans son livre *Ten problems of consciousness* (1995), propose quatre caractéristiques qui définissent le contenu des états phénoménaux :

– Ce contenu *se tient prêt* (*is poised*, en anglais) à entrer dans des relations avec d'autres états cognitifs, émotionnels et comportementaux, en vertu de son caractère phénoménal.
– Il est *abstrait* : il n'implique pas d'objets particuliers, mais il représente des propriétés générales. Son caractère abstrait permet

---

[13] Cf. la discussion entre Horgan et Tienson (2001) et Brian McLaughlin (2001). Voir déjà Smart (1959), discussion d'objection 3, pp. 148–149.

[14] Voir Dretske (1995), surtout chapitre 3, et Tye (1995), surtout chapitres 4 et 5. Voir aussi Crane (2002).

de tenir compte des hallucinations (visuelles, des douleurs de fantôme, etc.).
- Il *n'est pas conceptuel* : il ne présuppose pas de concepts, et il ne contient aucun concept.
- Il est *intentionnel* : il se rapporte à quelque chose.

Cette théorie se réclame de la thèse de Brentano (voir sous le point 1.1) : tous les états mentaux sont des états intentionnels – en un sens large d'état intentionnel qui n'implique pas de contenu conceptuel. L'intentionnalité, en ce sens large, désigne le fait de représenter quelque chose. Cette position possède un grand avantage théorique, mettant en avant une théorie unifiée de l'esprit : tous les états mentaux sont des états fonctionnels dont le trait caractéristique est l'intentionnalité. Il est cependant contestable que cette position explique l'expérience vécue : pourquoi les états mentaux de représentations non conceptuelles sont-ils éprouvés d'une manière particulière ? Autrement dit, pourquoi le contenu non conceptuel de tel état mental intentionnel est-il éprouvé comme un certain *quale* ?[15]

En résumé, il est contestable qu'on puisse tirer des conclusions métaphysiques sur la base de l'argument du savoir de Jackson.[16] Jackson lui-même a d'ailleurs retiré la conclusion de son argument, acceptant aujourd'hui une conception fonctionnaliste de l'expérience vécue, ceci pour des raisons de causalité mentale.[17] En effet, la motivation pour résister à la conclusion suivant laquelle les états phénoménaux sont des états intrinsèques est que nous expérimentons au quotidien l'efficacité causale des états mentaux : les états phénoménaux ont des effets sur notre comportement.[18] Or, on ne peut concevoir de façon intelligible que les états phénoménaux causent des effets physiques que s'ils sont des états fonctionnels et qu'on postule qu'ils sont identiques, au moins au niveau des occurrences, à des états physiques. En effet, si l'on considère que les états phénoménaux ne sont pas identiques à des états physiques, soit on accepte qu'ils sont des épiphénomènes (comme Jackson est prêt à le

---

[15]Eu égard à cette question, voir surtout l'objection de Block (1990b) ainsi que de Levine (2002).

[16]Mais voir Chalmers (1996), pp. 140–146, pour une défense de cet argument.

[17]Voir Jackson (1998a), chapitre 7, « Postscript on qualia », et Jackson (1998b), pp. 43–44, note 21, ainsi que Braddon-Mitchell et Jackson (1996), pp. 134–135.

[18]Voir notamment Papineau (2002), chapitre 1.

concéder dans son argument du savoir), soit il faut adhérer à un dualisme interactionniste qui conduit à un conflit avec la physique, soit il faut accepter une surdétermination régulière des états physiques (voir 4.4). On considérera la position fonctionnaliste quant à l'expérience vécue dans le prochain chapitre.

9.5 Résumé

Il y a plusieurs arguments qui visent à établir que les états phénoménaux sont des types d'états intrinsèques, et non des types d'états fonctionnels dont toutes les occurrences sont identiques à des états physiques. L'argument du savoir maintient que la connaissance des faits physiques et fonctionnels n'inclut pas celle des faits d'expérience vécue. Les arguments des *qualia* inversés et des *qualia* asbents conçoivent des situations dans lesquelles on peut constater une différence au niveau de l'expérience vécue, sans qu'il n'y ait aucun changement au niveau des états physiques et fonctionnels. On peut attaquer ces arguments en faisant une distinction entre le savoir propositionnel et le savoir par expérience directe et en admettant une distinction entre des concepts physiques et des concepts phénoménaux. Ces distinctions visent à saisir le caractère particulier de nos états phénoménaux sans, pour autant, soutenir de conclusions métaphysiques en faveur d'un caractère non physique de ces états.

9.6 Suggestions de lecture

Pour une vue d'ensemble : les articles dans Davies et Humphreys (1993), Metzinger (1995), Block, Flanagan et Güzeldere (1997), Jackson (1998c) et Smith et Jokic (2002).
Sur l'argument du savoir : Jackson (1998a), chapitres 5 à 7.
Sur les arguments des *qualia* inversés et des *qualia* asbents : Chalmers (1996), chapitres 3 à 5.
Sur la réponse en termes d'aptitudes : Nemirow (1990).
Sur les concepts phénoménaux : Papineau (2002), chapitres 2 et 4.
Sur la théorie représentationnelle des états phénoménaux : Tye (1995), chapitres 4 et 5.

9.7 Questions de contrôle

1) Pourquoi, selon Nagel, pouvons-nous imaginer l'expérience vécue que nous aurions si nous étions des chauves-souris, mais ne pouvons-nous pas savoir quelle est l'expérience vécue d'une chauve-souris elle-même ?

2) Pourquoi le raisonnement de Nagel constitue-t-il un argument contre le physicalisme ?

3) Quel est le rapport entre l'argument de Nagel et l'argument de Jackson ?

4) Pourquoi l'argument du savoir est-il un argument contre le physicalisme ?

5) Quel est l'argument des *qualia* inversés ?

6) Cet argument s'applique-t-il à d'autres types d'états phénoménaux que des états de sensation de couleurs ?

7) Pourquoi l'argument des *qualia* asbents est-il d'une application plus large que l'argument des *qualia* inversés ?

8) Quelle nouvelle aptitude Marie acquiert-elle quand elle est libérée de sa prison ?

9) Pourquoi peut-on maintenir que la réponse suivant laquelle Marie acquiert une nouvelle aptitude n'est pas suffisante pour réfuter l'argument de Jackson ?

10) Quelle est la différence entre l'application inférentielle des concepts et leur application non inférentielle ?

11) Qu'est-ce qu'un concept phénoménal ?

12) Comment la position qui établit une distinction entre des concepts phénoménaux et des concepts physiques cherche-t-elle à éviter la conclusion d'un dualisme de propriétés ?

13) Pourquoi la théorie représentationnelle des états phénoménaux est-elle une théorie unifiée de l'esprit ?

14) L'argument du savoir de Jackson est-il convaincant ? Quelle est votre position ?

9.8 Propositions de travail

- *L'argument de perspective spécifique* : reconstruction et évaluation de l'argument de Nagel. Littérature : Nagel (1984), chapitre 12.
- *L'argument du savoir* : reconstruction de l'argument de Jackson et évaluation de la discussion sur cet argument. Littérature : Jackson (1998a), chapitres 5 à 7 ; Churchland (1985), section 4 ; Nemirow (1990).
- *Les concepts phénoménaux et les croyances phénoménales* : reconstruction et évaluation critique des notions de concept phénoménal et de croyance phénoménale. Littérature : Loar (1997) ; Nida-Rümelin (1998) ; Horgan et Tienson (2001) ; Brian McLaughlin (2001) ; Papineau (2002), chapitres 2 et 4.
- *Les états phénoménaux en tant qu'états intentionnels* : reconstruction et évaluation critique de la théorie représentationnelle des états phénoménaux. Littérature : Dretske (1995), chapitre 3 ; Tye (1995), chapitres 4 et 5.

Chapitre 10

LE FONCTIONNALISME FACE À L'EXPÉRIENCE VÉCUE

But du chapitre : connaître l'état actuel du débat autour de la conception fonctionnaliste de l'expérience vécue.

10.1 Concevabilité et possibilité réelle

Si l'on se propose de réfuter les arguments en faveur d'une nature intrinsèque des états phénoménaux qu'on a présentés dans le chapitre précédent, il faut parvenir à défendre l'idée que ces types d'états sont des types d'états fonctionnels réalisés par des configurations d'états physiques, notamment par des configurations d'états cérébraux. Établir qu'il s'agit d'états fonctionnels possédant une réalisation physique est une condition nécessaire et suffisante pour montrer comment ces états sont intégrés dans le monde physique – admettant dès lors, en principe, une explication physique – et pour établir comment ils peuvent exercer une influence causale sur notre comportement.

Tous les arguments qu'on a discutés dans le chapitre précédent se basent sur des hypothèses supposées concevables et, de là, tirent des conclusions métaphysiques. C'est la forme générale que prennent les arguments en faveur du dualisme depuis Descartes (voir sous le point 2.1). L'adhérent au fonctionnalisme peut concéder la possibilité métaphysique d'états fonctionnels mentaux possédant des réalisations non physiques (voir sous le point 7.1). En revanche, il ne peut pas accepter l'hypothèse de l'existence, dans le monde réel, d'états mentaux qui ne soient pas des états fonctionnels. Concernant l'argument du savoir, exposé au chapitre précédent, le fonctionnaliste doit maintenir que notre connaissance des états phénoménaux ne porte pas sur des faits non fonctionnels, voire non physiques. On a considéré les réponses principales à cet argument dans le chapitre précédent.

Revenons maintenant aux arguments dits des *qualia* inversés et des *qualia* asbents. Si ces arguments sont concluants en établissant la possibilité métaphysique de personnes qui possèdent des états mentaux des mêmes types que les nôtres, mais qui n'éprouvent pas de *qualia*, alors ils réussissent à réfuter le fonctionnalisme : les états phénoménaux échapperaient alors effectivement à tout essai de définition en termes fonctionnels. Il y a deux manières pour le fonctionnaliste de s'opposer à ces arguments : il peut soit rejeter la prémisse selon laquelle ce qui est concevable est métaphysiquement possible, soit remettre en question l'hypothèse qui veut que des *qualia* inversés et des *qualia* asbents soient concevables.

La première stratégie se base sur la distinction entre concepts physiques et fonctionnels, d'une part, et concepts phénoménaux, d'autre part (voir sous le point 9.3). La description fonctionnelle (concepts fonctionnels) et la description en termes d'expériences vécues (concepts phénoménaux) sont deux manières différentes de faire référence aux mêmes états (au sens de mêmes occurrences de propriétés). La distinction entre ces deux modes de description des mêmes états ne soutient aucune distinction métaphysique.[1]

Cette stratégie peut s'associer au physicalisme *a posteriori*. Le physicalisme *a priori*, par contre, entraîne la deuxième stratégie, plus hardie, qui maintient que les *qualia* inversés et les *qualia* asbents sont inconcevables (voir sous le point 7.5 pour la distinction entre le physicalisme *a priori* et le physicalisme *a posteriori*). Néanmoins, si l'on poursuit cette deuxième stratégie, on n'est pas forcé d'accepter le physicalisme *a priori*. Cette stratégie peut se baser sur l'objection suivante contre l'argument des *qualia* asbents : pour que des personnes sans *qualia* – des zombis – soient indiscernables de nous d'un point de vue fonctionnel, il faut que ces personnes aient des croyances des mêmes types que les nôtres. Autrement dit, ces personnes doivent croire qu'elles sont dans des états phénoménaux sans être dans de tels états. Par exemple, elles doivent croire qu'elles ressentent de la douleur, sans vraiment ressentir de la douleur.

Or, en supposant qu'il soit correct de soutenir qu'on peut concevoir des personnes sans *qualia*, on peut alors aussi concevoir une suite de mondes possibles qui représentent une transition continue entre notre monde et un monde peuplé de zombis : prenant le monde réel comme point de départ, on peut imaginer un monde m_1 dans lequel seulement très peu de qualia sont absents, puis un monde m_2 où un peu plus de

---

[1] Voir Balog (1999), Melnyk (2001) et Walde (2002) contre Chalmers (1996), chapitres 3 à 5 notamment.

qualia sont absents, jusqu'à un monde m_n dans lequel ne se trouve aucun *quale*. L'objection consiste maintenant à dire que si ces mondes sont indiscernables d'un point de vue fonctionnel, il s'ensuit que la disparition continue des *qualia* n'aurait aucun effet sur les croyances des personnes qui peuplent ces différents mondes. Par conséquent, en renversant ce scénario, l'apparition progressive de *qualia*, d'un monde à l'autre, n'aurait aucun effet non plus sur les croyances de ces personnes. Ce raisonnement est connu sous le non d'argument des *qualia* évanescents (*fading qualia* en anglais).

A partir de là, on peut développer un raisonnement par l'absurde dirigé contre l'argument des *qualia* asbents : ce dernier implique qu'il est concevable et métaphysiquement possible pour des individus de se tromper totalement et systématiquement dans les croyances qu'ils entretiennent quant à leurs propres états phénoménaux. Or, ceci n'est pas possible : l'accès que nous avons à nos propres états phénoménaux exclut que soit cohérente la supposition que les croyances que nous entretenons à leur sujet soient totalement et systématiquement fausses. En bref, les zombis sont inconcevables et impossibles parce qu'ils seraient dans l'erreur totale et systématique quant à ce qu'ils croiraient de leurs propres expériences vécues.[2]

On peut développer le même type de raisonnement par l'absurde contre l'argument des *qualia* inversés. En effet, s'il est vrai qu'on peut concevoir des *qualia* inversés, on doit pouvoir concevoir la possibilité d'une opération qui inverse les *qualia* d'une personne, puis qui les rétablit dans leur configuration d'origine, sans qu'il n'y ait, tout au long de cette opération, de changements au niveau des croyances que la personne entretient au sujet de ses propres expériences vécues. On peut même imaginer une succession continue de telles opérations de sorte que les *qualia* d'une personne ne cessent de s'inverser d'un instant à l'autre. À nouveau, une telle personne serait dans l'erreur totale et systématique quant à ce qu'elle croirait de ses propres expériences vécues, dans la mesure où elle n'aurait aucune croyance au sujet des changements continus qui touchent ses *qualia*. Cet argument, dit des *qualia* commutants ou des *qualia* dansants, réfute ainsi par l'absurde l'argument des *qualia* inversés.[3]

---

[2]Cf. Shoemaker (1975), section 3, et Levine (1997), pp. 383–385.

10.2 La conception fonctionnaliste des états phénoménaux

C'est une chose de rejeter la conclusion que cherchent à établir les arguments des *qualia* absents et des qualia *inversés*. C'en est une autre de développer une conception fonctionnaliste des états phénoménaux en termes positifs. Ces états peuvent-ils être définis fonctionnellement ? Cette question se pose notamment au sujet des états de sensation de couleurs. Un bon nombre de philosophes d'orientation physicaliste concèdent qu'il n'y a pas de distinction fonctionnelle entre les différents états de sensation de couleurs. La raison en est la suivante : les états mentaux de sensation de couleurs possèdent une fonction ; il est cependant sans importance pour cette fonction qu'une certaine couleur soit ressentie comme du vert ou comme du rouge. Ce raisonnement est renforcé par le fait que tout essai de définition fonctionnelle des concepts de couleur se heurte au problème de la permutation :[4] une définition fonctionnelle des concepts de couleur ne semble pas être capable de distinguer les couleurs les unes des autres, parce que cette définition ne contient pas assez de liens inférentiels avec des concepts d'autres types que ceux de couleurs. Dès lors, on pourrait, semble-t-il permuter, par exemple, les définitions fonctionnelles de rouge et de vert.

Si ce raisonnement s'avère correct, les états de sensation de couleurs ne sont pas des états fonctionnels. Ces états ont une fonction, mais leur fonction ne suffit pas à les distinguer les uns des autres. Il ne s'ensuit pourtant pas que les états de sensation de couleurs ne sont pas identiques à des états physiques. Il semble en principe possible de détecter les cas de confusion entre couleurs qui sont empiriquement possibles par la recherche neurobiologique. En d'autres termes, il y a une différence au niveau cérébral entre les personnes dotées d'une vision normale et les personnes qui confondent des couleurs. Il semble que cette différence soit systématique. Pour cette raison, plusieurs philosophes proposent au sujet des états de sensation de couleurs une théorie de l'identité des types, à l'instar de celle qui a été mise en avant dans les années 1950 et qui prend les identifications scientifiques comme modèle (voir sous le point

---

[3]Pour les arguments de ce type, voir Pauen (2002), pp. 271–278, Pauen (2006), ainsi que Chalmers (1996), chapitre 7. Chalmers maintient cependant que ces arguments établissent uniquement l'impossibilité empirique des *qualia* asbents et des *qualia* inversés, mais non leur impossibilité métaphysique.

[4]Cf. Smith (1994), chapitre 2.11.

5.3), à savoir, une théorie de l'identité des types qui s'applique au moins à tous les êtres vivants dans le monde réel : le type d'état de sensation de rouge est identique à un certain type d'état cérébral, et le type d'état de sensation de vert est identique à un autre type d'état cérébral, etc.[5]

Cette théorie de l'identité des types n'explique pourtant pas pourquoi un certain type d'état cérébral nous apparaît comme, disons, une sensation de rouge. En d'autres termes, sur la base des corrélations établies par la recherche empirique et de considérations théoriques – notamment l'argument concernant l'efficacité causale des états phénoménaux –, on propose de postuler qu'un certain type d'état cérébral est identique à un certain type d'état phénoménal. Cependant, on ne dispose d'aucune explication du fait que le type d'état cérébral en question, contrairement à d'autres types d'états physiques, possède une certaine qualité phénoménale. Seule une combinaison de la conception fonctionnaliste et de la théorie de l'identité (au moins au niveau des occurrences) ouvre la perspective d'une explication physique des traits caractéristiques des états mentaux.

Cette perspective est une motivation pour s'efforcer d'établir une distinction entre les types d'états de sensations de couleurs dans le cadre de la conception fonctionnelle des états mentaux. Par exemple, on peut maintenir que les sensations des différentes couleurs sont liées à différents types d'émotions qui se distinguent par leurs effets sur le comportement. Les sensations de rouge stimulent certaines émotions, tandis que les sensations de vert inhibent ces mêmes émotions, par exemple. Ainsi, par exemple, si, pour régler la circulation, on a choisi le rouge pour signaler aux automobilistes de s'arrêter et le vert pour leur indiquer qu'ils peuvent avancer, et non l'inverse, c'est parce que ce n'est pas une simple affaire de convention, contrairement au fait de rouler à droite. En effet, la couleur rouge, contrairement à la couleur verte, provoque une réaction rapide chez celui qui la voit. Par conséquent, en bref, l'état de sensation de rouge se différencie de l'état de sensation de vert par ses effets sur le comportement.[6]

---

[5] Voir Shoemaker (1982), Horgan (1984), Papineau (1993), chapitre 4.10, ainsi que Papineau (2002), surtout chapitre 5.

[6] Voir Levin (1987) et Hardin (1987). Mais voir aussi Chalmers (1996), pp. 100–101, et Nida-Rümelin (2002) pour des réponses contre cet argument.

On peut renforcer ce raisonnement en soulignant que les arguments des *qualia* asbents et des *qualia* inversés contiennent une présupposition contestable eu égard aux propriétés : ces arguments tiennent comme admis une théorie des propriétés selon laquelle des propriétés peuvent être des qualités pures. Or, une telle théorie des propriétés se heurte à des objections métaphysiques fortes. Le fonctionnalisme en philosophie de l'esprit se base, lui, sur une théorie des propriétés qui unit l'aspect qualitatif des propriétés à leur aspect causal : en étant certaines qualités, les propriétés sont des pouvoirs d'engendrer certains effets. Dans cette optique, on ne peut pas distinguer l'aspect purement qualitatif des propriétés de leur aspect causal-fonctionnel.[7] Ainsi, en étant une certaine sensation, l'état ou la propriété de douleur est le pouvoir de provoquer un certain comportement, en étant une certaine qualité phénoménale, l'état ou la propriété de percevoir du rouge est le pouvoir de provoquer une certaine réaction, etc.

10.3 L'argument du fossé dans l'explication

On peut caractériser la situation actuelle de la philosophie des états phénoménaux de la façon suivante : d'une part, il y a des réponses physicalistes et fonctionnalistes pertinentes aux arguments visant à établir que les états phénoménaux sont des types d'états intrinsèques non physiques, et non des types d'états fonctionnels réalisés par des occurrences d'états physiques (c'est-à-dire, des configurations d'états cérébraux). D'autre part, nous ne disposons pas d'une théorie fonctionnaliste complète qui soit capable de distinguer les différents types d'états phénoménaux sur la base de leurs fonctions et qui explique la manière spécifique dont chacun de ces types d'états est éprouvé.

Cette situation nourrit ce qui est connu sous le nom de l'argument du fossé dans l'explication (*explanatory gap*), argument développé par Joseph Levine notamment :[8] en supposant que les états phénoménaux soient des types d'états fonctionnels dont chaque occurrence est réalisée de manière physique, il nous manque encore une explication permettant de rendre compte de l'aspect d'expérience vécue de ces états. Autre-

---

[7]Voir Heil (2003), chapitres 11, 19 et 20, ainsi qu'Esfeld (2009b) et Esfeld et Sachse (2011), chapitre 2.1.

[8]Voir Levine (1983) et Levine (1993) / traduction française Levine (2003).

ment dit, la conception physicaliste et fonctionnaliste des états mentaux ne permet pas de montrer pourquoi un certain état mental est éprouvé de la manière dont nous l'éprouvons – par exemple, pourquoi la fonction qu'est l'état de douleur est ressentie de cette manière particulière. La théorie neurobiologique qui décrit les états cérébraux qui réalisent la douleur chez nous, êtres humains, ne peut pas non plus expliquer pourquoi le sentiment de douleur possède cette qualité sensorielle.

Par contre, selon Levine, les identifications scientifiques fournissent, elles, une telle explication : par exemple, si l'on identifie l'eau à H_2O, la chimie moléculaire nous explique les propriétés manifestes de l'eau : pourquoi l'eau bout à 100°C, pourquoi l'eau est transparente, sans couleur, sans odeur, etc. Une fois qu'on a saisi cette explication, il n'est plus concevable que H_2O ne soit pas de l'eau. Il n'y a pas de propriétés de l'eau que la théorie moléculaire de H_2O n'explique pas.

L'argument de Levine s'applique à la conscience dans sa totalité : une théorie fonctionnelle – même combinée à des théories concernant sa réalisation physique, y compris des théories de l'évolution de la conscience – ne nous explique pas la manière dont nous éprouvons la conscience. L'argument du fossé dans l'explication tel que le conçoit Levine est un argument épistémologique qui ne vise pas à établir une conclusion métaphysique. Il s'agit plutôt d'un diagnostic qui nous apprend pourquoi une théorie fonctionnelle des états phénoménaux semble difficile à accepter et pourquoi il semble concevable qu'un double fonctionnel d'un être humain puisse être dénué d'états phénoménaux (l'argument des *qualia* asbents).

Il est cependant contestable qu'il y ait une différence de principe entre des identifications scientifiques – comme celle de l'eau avec H_2O – et l'identification des états phénoménaux avec des types d'états fonctionnels possédant une réalisation physique. Même dans le cas des identifications scientifiques, on peut maintenir qu'il faut établir une corrélation entre les concepts qu'emploie la description du sens commun et les concepts scientifiques. Autrement dit, il faut accepter que les concepts scientifiques décrivent les mêmes occurrences d'états que les concepts du sens commun. Cette identité ne découle pas simplement de la théorie scientifique, bien que la théorie scientifique contienne de bons arguments pour supposer qu'il y ait une telle identité.

Par exemple, si l'on identifie l'eau à H_2O, il faut corréler les concepts de la description de l'eau du sens commun avec les concepts scientifiques, c'est-à-dire qu'il faut accepter que les concepts chimiques portent sur les mêmes états que les concepts phénoménaux du sens commun. Ceci implique un changement au niveau des concepts du sens commun : on ne peut plus considérer – comme dans l'antiquité et au début de l'époque moderne – le concept d'eau du sens commun comme caractérisant une substance primaire. Par contre, il s'agit d'un concept fonctionnel, référant à un certain rôle causal. Ce rôle se trouve réalisé par H_2O dans le monde réel. Il semble que, de même qu'on peut soutenir que les propriétés phénoménales des expériences vécues sont des épiphénomènes, on puisse maintenir que les propriétés macroscopiques, phénoménales de l'eau sont des épiphénomènes de la structure chimique. En d'autres termes, si des zombis étaient concevables, il serait aussi concevable qu'il y ait des molécules de H_2O sans que ne se manifestent les propriétés macroscopiques, phénoménales de l'eau. Ou bien ces deux situations sont concevables, ou bien ni l'une, ni l'autre ne l'est.[9] Ce raisonnement remet en cause la supposition que l'explication fonctionnelle des expériences vécues laisse ouverte une lacune. Une théorie fonctionnaliste – en combinaison avec la théorie biologique de l'évolution et une théorie neurobiologique des états cérébraux qui réalisent les types d'états phénoménaux chez nous autres, êtres humains – nous révèle la fonction des états conscients et explique pourquoi de tels états se sont développés sur Terre.

La situation en philosophie de l'esprit n'est pas comparable aux exemples paradigmatiques d'identifications dans les sciences. La question est cependant de savoir si ce fait révèle une lacune de principe dans l'explication fonctionnaliste des états mentaux ou si – en misant sur les progrès des neurosciences – on peut envisager une théorie fonctionnaliste qui soit en principe capable de répondre à toutes les demandes raisonnables d'explication des états phénoménaux. En d'autres termes, la question est de savoir si les progrès que feront les neurosciences nous permettront d'envisager un développement comparable à celui qu'ont connu les autres sciences de la nature. Est-il imaginable que le contenu de nos concepts du sens commun se rapportant aux états phénoménaux

---

[9]Voir Hüttemann (2003), chapitre 4.3.

change de manière à ce qu'une théorie fonctionnelle de ces concepts devienne acceptable et qu'il soit reconnu comme inconcevable que certaines configurations d'états physiques ne réalisent pas des types d'états phénoménaux – comme il est considéré comme inconcevable que H_2O ne réalise pas les propriétés phénoménales de l'eau ?[10]

10.4 Résumé

La conception fonctionnelle des états phénoménaux soit refuse d'admettre que tout ce qui est concevable est métaphysiquement possible, soit met en doute que les cas de *qualia* inversés et les cas de *qualia* asbents sont concevables. Néanmoins, le projet d'une théorie fonctionnelle des états phénoménaux n'a pas encore été mené à bien, notamment en ce qui concerne les sensations de couleurs. Cette situation motive l'argument dit du fossé dans l'explication suivant lequel il y a un fossé entre l'explication fonctionnelle et l'aspect phénoménal de nos états mentaux.

10.5 Suggestions de lecture

Pour une vue d'ensemble de l'état actuel du débat autour de la conscience : Levine (1997).

Sur la réponse fonctionnaliste à l'argument des *qualia* asbents : Pauen (2006).

Sur l'argument du fossé dans l'explication : Levine (2003).

10.6 Questions de contrôle

1) si l'on concède que les zombis sont concevables, pourquoi cette concession n'implique-t-elle pas automatiquement que les zombis soient – métaphysiquement – possibles ?

2) Par quel argument cherche-t-on à établir que les zombis ne sont pas concevables ?

3) Pourquoi la possibilité métaphysique des *qualia* inversés serait-elle suffisante pour réfuter la conception fonctionnelle des états phénoménaux, tandis que la possibilité métaphysique des âmes sans corps ne réfute pas cette conception ?

---

[10]En ce qui concerne ce dernier point, voir Pauen (2001), pp. 199–210, et Pauen (2002).

4) Comment peut-on chercher à réfuter les arguments des *qualia* asbents et des *qualia* inversés par un raisonnement par l'absurde ?

5) Quelle est la présupposition concernant la théorie des propriétés que contiennent ces arguments ?

6) Pourquoi les sensations de couleurs posent-elles un problème spécifique à la théorie fonctionnelle de l'esprit ?

7) Est-il plausible de soutenir une théorie de l'identité des types, sur le modèle des identifications scientifiques, au sujet des sensations de couleurs ?

8) En quoi consiste l'argument du fossé dans l'explication ?

9) Pourquoi peut-on maintenir que cet argument a seulement une portée épistémologique, et non une portée ontologique ou métaphysique ?

10) Comment peut-on attaquer la portée épistémologique de cet argument ?

10.7 Propositions de travail

- *Ce qui est concevable et ce qui est métaphysiquement possible* : examen de la question de savoir si le fait d'admettre que les *qualia* inversés et les *qualia* asbents sont concevables implique que les *qualia* inversés et les *qualia* asbents sont métaphysiquement possibles. Littérature : Balog (1999), Melnyk (2001) et Walde (2002) contre Chalmers (1996), chapitres 3 à 5.

- *Le débat autour des arguments des* qualia *absents et des* qualia *inversés* : discussion de ces arguments et de la question de savoir si ces arguments impliquent des conséquences absurdes. Littérature : Chalmers (1996), chapitre 7 ; Pauen (2002), pp. 271–278 ; Pauen (2006).

- *La théorie de l'identité des types au sujet des sensations de couleurs* : reconstruction et évaluation critique de la position suivant laquelle les types d'états de sensation de couleurs sont identiques à des types d'états physiques. Littérature : Shoemaker (1982) ; Horgan (1984b) ; Papineau (2002), surtout chapitre 5.

- *Les essais d'une définition fonctionnelle des états de sensations de couleurs* : présentation et évaluation critique de ces essais. Littérature : Levin (1987) ; Hardin (1987) ; Nida-Rümelin (2002).

– *La métaphysique des propriétés* : présentation de la théorie des propriétés sur laquelle se base le fonctionnalisme, discussion de la question de savoir dans quelle mesure cette théorie est pertinente pour évaluer les arguments concernant les *qualia*. Littérature : Heil (2003), chapitres 11, 19 et 20 ; Esfeld (2009b) ; Esfeld et Sachse (2011), chapitre 2.1.
– *L'argument du fossé dans l'explication* : reconstruction et évaluation de la portée de cet argument. Littérature : Levine (1983) ; Levine (2003) ; Hüttemann (2003), chapitre 4.3 ; Pauen (2002).

Chapitre 11

LE CONTENU CONCEPTUEL : HOLISME ET EXTERNALISME

But du chapitre : comprendre l'externalisme physique ainsi que la distinction entre l'intension primaire et l'intension secondaire d'un concept ; comprendre le holisme sémantique et le holisme social ; saisir le rapport entre ces formes de holisme et le fonctionnalisme.

11.1 L'EXTERNALISME PHYSIQUE (PUTNAM)

Contrairement aux états mentaux phénoménaux, les états intentionnels consistant à penser ou à vouloir quelque chose possèdent un contenu conceptuel. La conception fonctionnaliste de l'esprit est plus largement considérée comme capable de rendre compte des états mentaux dotés d'un contenu conceptuel que des états phénoménaux. La question est cependant de savoir dans quelle mesure le contenu conceptuel de tels états mentaux dépend de facteurs qui se situent en dehors du cerveau des individus.

Hilary Putnam (*1926), dans son article « La signification de 'signification' » (1975), cherche à montrer que le contenu conceptuel des états intentionnels d'une personne dépend de la constitution réelle de l'environnement physique dans lequel cette personne se situe.[1] On parle d'*externalisme physique* pour qualifier cette position : externalisme, parce que le contenu conceptuel des états intentionnels dépend de facteurs externes à la personne ; physique, parce que c'est la constitution de l'environnement non humain de la personne qui est visée. On parle d'*externalisme social* pour désigner la position qui considère que l'interaction avec d'autres êtres humains contribue à la détermination du contenu conceptuel des états intentionnels d'une personne.

Pour défendre son externalisme physique, Putnam nous propose d'imaginer une autre planète, Terre-jumelle, qui se distingue de la Terre uniquement par la composition chimique de l'eau qui s'y trouve. Une molécule d'eau sur Terre-jumelle est composée de XYZ, et non de H_2O.

---
[1] Voir Putnam (1975a) / traduction partielle française Putnam (2003).

Oscar, sur Terre, et son sosie Oscar-bis, sur Terre-jumelle, vivent dans des communautés qui ignorent la composition chimique respective de leur eau (ils vivent avant le 18e siècle). Tous les deux produisent des énoncés qui contiennent le mot « eau » et ils savent qu'en employant ce mot, ils désignent un liquide inodore, transparent, désaltérant, etc. Oscar et Oscar-bis sont identiques, ils ont fait les mêmes expériences dans leur vie, ils ont vu les mêmes choses, ils pensent de façon identique, etc., et ils vivent dans des environnements identiques (à l'exception de la composition des molécules d'eau).

Putnam soutient que le contenu conceptuel de « Ceci est de l'eau », pensé par Oscar, et le contenu conceptuel de « Ceci est de l'eau », pensé par Oscar-bis, n'est pas le même. Sur Terre, le contenu conceptuel de « Ceci est de l'eau » inclut que la chose en question est composée de molécules H_2O, tandis que sur Terre-jumelle, le contenu conceptuel de « Ceci est de l'eau » inclut que la chose en question est composée de XYZ, et cela même si les habitants de la Terre et de Terre-jumelle ignorent la composition chimique du liquide en question.

Autrement dit, d'après Putnam, la constitution réelle du référent d'une croyance fait partie du contenu conceptuel de la croyance en question. Par conséquent, si l'on modifie la constitution du monde, on modifie aussi le contenu conceptuel de certaines états intentionnels qui s'y rapportent, même si les états internes des sujets pensants demeurent inchangés : les états internes d'Oscar et d'Oscar-bis sont identiques, mais le contenu conceptuel de la croyance « Ceci est de l'eau » d'Oscar inclut que ceci est H_2O, tandis que le contenu conceptuel de la croyance « Ceci est de l'eau » d'Oscar-bis inclut que ceci est XYZ, bien que tous les deux ignorent la composition chimique du liquide auquel ils font référence.

L'article de Putnam (1975) a provoqué une importante discussion qui continue de nos jours. Aujourd'hui, on a l'habitude de faire une distinction entre deux composants du contenu conceptuel, ou de l'*intension*, d'un état intentionnel :

1) L'*intension primaire*, que Putnam appelle le stéréotype, est le rôle inférentiel d'un concept dans un langage donné. Dans le cas du concept d'eau, il s'agit de lieux communs qui consistent à dire que l'eau est un liquide inodore, sans couleur, transparent, désaltérant, etc. Ce rôle inférentiel change en fonction des connaissances que l'on acquiert au sujet du référent du concept. L'intension primaire donne comme réfé-

rent de la croyance ou de l'énoncé qui emploie le concept en question tous les objets – et seulement ceux-là – qui satisfont à la description que fournit le rôle inférentiel du concept en question dans le langage donné. Dans le cas du concept d'eau, le référent de la description est H_2O dans le monde réel, mais XYZ dans le monde possible qu'imagine Putnam. Du point de vue de l'intension primaire, un concept est donc un désignateur non rigide : son référent varie d'un monde possible à l'autre.

2) L'*intension secondaire* est le référent d'un concept dans le monde réel – H_2O dans le cas du concept d'eau. Vue sous l'angle de son intension secondaire, l'extension d'un concept – c'est-à-dire, les objets auxquels il s'applique – est déterminée par son extension dans le monde réel, indépendamment du fait que les utilisateurs de ce concept connaissent ou non cette extension. Ainsi, cette extension est fixe et ne varie pas d'un monde possible à l'autre. Du point de vue de l'intension secondaire, un concept est donc un désignateur rigide. Si, dans le monde possible qu'imagine Putnam, des molécules de XYZ remplacent celles de H_2O, alors, du point de vue de l'intension secondaire, le concept d'eau n'a pas de référent dans ce monde possible car il ne s'y trouve pas de H_2O – bien que les habitants de Terre-jumelle utilisent aussi le mot « eau », et bien que le concept qu'ils expriment par le mot « eau » ait la même intension primaire que le concept que nous exprimons en employant le mot « eau ».

L'intension secondaire d'un concept, dépendant de la constitution du monde, est dès lors invariante, tandis que l'intension primaire d'un concept varie en fonction des connaissances que nous acquérons sur le monde. C'est une question subtile et beaucoup discutée de savoir comment ces deux formes d'intensions se combinent exactement pour constituer le contenu des concepts.[2]

Quoi qu'il en soit, seule l'intension primaire des concepts que possède une personne est pertinente si l'on cherche à expliquer le comportement de cette personne : si une personne maîtrise un concept, elle maîtrise son rôle inférentiel dans un langage donné. Elle peut pourtant ignorer la constitution réelle des objets auxquels le concept en question

---

[2]Voir les articles dans *Philosophical Studies* 118 (2004), cahier 1. Pour une introduction à ce thème, voir Chalmers (1996), pp. 52–71.

fait référence. Lorsqu'elle connaît la constitution réelle des référents des concepts qu'elle maîtrise, celle-ci entre dans le rôle inférentiel de ces différents concepts. Ainsi, après la découverte de la composition chimique de l'eau, le fait que l'eau est composé de molécules de H_2O a été intégré au rôle inférentiel du concept d'eau : aujourd'hui, pour compter comme une personne qui maîtrise le concept d'eau, il faut savoir que l'eau est une substance chimique composée de certaines molécules, à savoir, de molécules de H_2O. Par conséquent, l'intension secondaire peut entrer dans l'explication du comportement d'une personne, mais uniquement à travers l'intension primaire du contenu conceptuel des états intentionnels de la personne en question.

Si l'on cherche à expliquer le comportement d'une personne sur la base de ses états intentionnels, on peut aussi aborder la différenciation entre intension primaire et intension secondaire sous l'angle de la distinction entre contenu large et contenu étroit d'un concept : le contenu large d'un concept inclut ses relations avec l'environnement, à savoir la constitution réelle du référent du concept en question dans une situation ou un monde donné ; le contenu étroit d'un concept consiste, lui, en la partie du contenu conceptuel fixée par le rôle inférentiel du concept en question dans un langage donné.[3] L'idée de faire une telle distinction se base sur le raisonnement suivant : pour revenir à l'exemple de Putnam, si l'on se propose d'expliquer les actions d'Oscar et d'Oscarbis, il n'est d'aucune importance que ce qu'Oscar nomme « eau » soit H_2O et que ce qu'Oscar-bis appelle « eau » soit XYZ ; car tous les deux ignorent la composition chimique de la substance à laquelle ils font référence en employant ce mot. Dès lors, l'explication d'une même action accomplie par Oscar et Oscar-bis, pour laquelle ils ont dû mobiliser leur concept respectif d'eau, sera identique. Autrement dit, suivant ce raisonnement, pour expliquer les actions des individus, on peut faire abstraction des relations à l'environnement physique qui font partie du contenu des concepts qu'ils possèdent. En effet, pour pouvoir expliquer leurs actions, il suffit de tenir compte du contenu conceptuel en tant qu'il est fixé par le rôle inférentiel des concepts en question dans le langage qu'ils maîtrisent – c'est-à-dire, le contenu conceptuel qui leur est transparent (consistant en ce que Putnam appelle le stéréotype).

---

[3] Voir notamment Block (1986) et Fodor (1987), chapitre 2.

Le fonctionnalisme, quant au contenu conceptuel, porte sur l'intension primaire des concepts, voire sur leur contenu étroit : il maintient que le rôle inférentiel d'un concept dans un langage donné est un rôle causal, c'est-à-dire, en bref, qu'il consiste en des dispositions de la personne qui maîtrise un certain concept d'établir certaines inférences, y compris certaines inférences pratiques (certaines actions). La question pertinente pour le fonctionnalisme est de savoir dans quelle mesure ce rôle inférentiel est déterminé par l'environnement. C'est de l'environnement social, c'est-à-dire des interactions sociales (externalisme social), et non de l'environnement physique (donc, de la constitution réelle des référents des concepts), qu'il est question ici. Avant d'aborder les arguments en faveur de l'externalisme social, il convient de préciser la notion de rôle inférentiel.

11.2 Le rôle inférentiel : le holisme sémantique

Commençons par considérer des concepts théoriques comme, par exemple, le concept d'électron. On ne peut pas exposer ce concept à quelqu'un en lui montrant des électrons. Il n'est pas possible d'observer des électrons sans utiliser d'instruments scientifiques sophistiqués dont l'emploi suppose qu'on ait déjà une idée de ce qu'on cherche à observer. On expose à quelqu'un le concept d'électron en lui indiquant la position qu'il occupe dans une théorie, en l'occurrence, en disant que les électrons sont des particules qui ont une charge négative, qui ont une certaine masse au repos, qui possèdent un spin demi-entier, etc. On expose ainsi le concept d'électron en indiquant ses relations à d'autres concepts dans une théorie ou dans un langage donné. Il s'agit là de relations inférentielles du type « Si quelque chose est un électron, alors la chose en question est une particule qui a une charge négative, une certaine masse au repos, un spin demi-entier, etc. ». On maîtrise le concept d'électron si, et seulement si, on maîtrise ces inférences.

Le holisme sémantique applique ce qui vaut pour les concepts théoriques à tous les concepts. Par exemple, on maîtrise le concept d'eau du sens commun si, et seulement si, on connaît les liens inférentiels qu'il entretient avec d'autres concepts, à savoir des inférences comme « Si ceci est de l'eau, alors ceci est un liquide inodore, sans couleur, transparent, désaltérant, etc. ». Pour prendre un autre exemple, une personne maîtrise le concept de tigre et a des croyances au sujet des tigres si, et seulement si, elle sait que les tigres sont des bêtes féroces, qu'ils sont dangereux, qu'ils rugissent, qu'on ne les trouve chez nous que dans des zoos et des cirques, etc. Imaginez que quelqu'un entre dans une salle de cours et dise : « Il y a un tigre dans l'entrée du bâtiment ». On pose à cette personne des questions comme « Voulez-vous dire qu'il y a une bête féroce là où les gens entrent dans le bâtiment, qu'un animal rugit là-bas, que les gens sont menacés, etc. ? » et on propose d'évacuer le bâtiment et d'appeler la police. Si cette personne répond « non » à toutes ces questions et si elle s'étonne des actions qui sont proposées (alors qu'on n'a pas de raisons de douter de sa sincérité), on conclura qu'elle ne maîtrise pas le concept de tigre, ne sachant pas ce qu'est un tigre, parce qu'elle n'est pas disposée de tirer les inférences qui constituent le rôle inférentiel du concept de tigre dans notre langage.

D'après le holisme sémantique, même les concepts d'observation ne peuvent être maîtrisés que si l'on maîtrise le contexte inférentiel qui leur est propre, car leur maîtrise passe par la connaissance de leurs conditions standard respectives d'application. Sellars (1956 / traduction française Sellars 1992) donne l'exemple d'une cravate qui semble verte à la lumière du jour, mais qui apparaît bleue à la lumière artificielle. Il est cependant clair qu'elle ne change pas de couleur quand on la transporte de la lumière de jour à la lumière artificielle. Ainsi, pour pouvoir dire de quelle couleur est cette cravate, il faut savoir que les conditions standard pour l'application des concepts de couleur incluent l'exposition de l'objet concerné à la lumière du jour (§ 14, pp. 40–41 dans l'édition française ; il est évidemment question ici des concepts de couleur du sens commun, et non du concept scientifique de couleur). On apprend les conditions d'application des concepts en apprenant une langue. Par conséquent, on ne peut pas acquérir de concepts d'observation sans, en même temps, apprendre des concepts qui sont plutôt théoriques – tels que ceux qui portent sur les conditions standard d'application des concepts d'observation. Sellars maintient ainsi

> « que l'on ne peut avoir le concept de vert qu'en ayant toute une batterie de concepts dont il est un élément. ... il y a un sens important en lequel l'on n'a pas de concepts appartenant aux propriétés observables des objets physiques dans l'espace et le temps

à moins de les avoir tous ... » (§ 19, p. 47 dans l'édition française).

Le holisme sémantique comprend ainsi deux thèses :
  (a) *Une thèse sur les conditions de maîtrise des concepts* : on ne peut pas acquérir de concepts pris isolément. Maîtriser un concept implique de maîtriser un certain nombre d'autres concepts, y compris ceux qui fixent les conditions standard d'application du concept en question. Il n'est donc pas possible d'apprendre un langage mot par mot. D'après Sellars, l'enfant apprend en même temps une série de concepts qui constituent un langage rudimentaire. Puis il élargit ses capacités linguistiques en apprenant de nouveaux concepts et de nouvelles d'inférence (§ 19, p. 47 dans l'édition française).
  (b) *Une thèse sur le contenu des concepts* : le contenu d'un concept se définit par des relations inférentielles à d'autres concepts, y compris aux concepts qui déterminent les conditions standard d'application du concept en question.

Ce qui caractérise le holisme sémantique, c'est donc de passer d'une thèse sur les conditions de maîtrise des concepts à une thèse sur le contenu des concepts. C'est là où le holisme sémantique rejoint le fonctionnalisme : les conditions de maîtrise d'un concept consistent en son rôle inférentiel, et c'est ce rôle inférentiel qui est le contenu du concept.[4]

11.3 LE HOLISME SOCIAL

Qu'est-ce qui détermine le rôle inférentiel d'un concept ? Ce rôle est lié à un langage, et le langage est une affaire sociale. Sur cette base, le holisme social prolonge le holisme sémantique en une théorie selon laquelle des interactions sociales déterminent le contenu conceptuel des états intentionnels des individus. On peut faire remonter le holisme social aux *Investigations philosophiques* de Ludwig Wittgenstein – plus précisément au problème de suivre des règles que traite Wittgenstein

---

[4]Voir, pour ce qui est du holisme sémantique, Sellars (1956) / traduction française Sellars (1992), chapitres 3 à 7, et le commentaire dans Sellars (1997), ainsi que les textes classiques de Wittgenstein (1953) / traduction française Wittgenstein (1961) et de Davidson (1984) / traduction française Davidson (1993b). Voir Block (1986) par rapport au fonctionnalisme en psychologie. Pour une argumentation contre le holisme sémantique, voir Fodor et Lepore (1992).

dans cet ouvrage. Ce problème consiste à se demander comment nous, êtres pensants finis, pouvons former des croyances qui ont un contenu conceptuel précis. Si une personne possède un concept F, elle a la capacité d'appliquer le concept F dans un nombre indéterminé de situations nouvelles. Par exemple, si l'on maîtrise le concept d'arbre, on sait dans de nombreuses situations nouvelles quand il est correct de dire de quelque chose « Ceci est un arbre ». En d'autres termes, en maîtrisant n'importe quel concept F, on suit une règle qui nous dit ce qui est correct et ce qui ne l'est pas dans l'application du concept F pour former des croyances du type « Ceci est F ». Cette règle détermine quel concept une personne possède et, par conséquent, aussi le contenu conceptuel de ses croyances.

Or, suivant l'interprétation de Saul Kripke (*1940),[5] Wittgenstein montre dans les *Investigations philosophiques* qu'aucun état mental interne d'une personne, au sens d'une idée mentale (représentation mentale, saisie mentale d'un objet abstrait, etc.), ainsi qu'aucune disposition comportementale de cette même personne ne peut déterminer quelle est la manière correcte d'appliquer un concept dans des situations nouvelles (§§ 138–242). Selon Kripke, on peut distinguer deux aspects dans le problème de suivre des règles :

- *L'aspect de l'infinité* : Comment quelque chose de fini (comme une idée mentale ou une disposition comportementale) peut-il constituer une règle définie, et non un nombre infini de règles logiquement possibles ?
- *L'aspect de la normativité* : Qu'est-ce qui détermine la manière correcte d'appliquer un concept F dans une situation nouvelle – de sorte que la personne en question ait à sa disposition une distinction entre suivre la règle F de façon correcte et la suivre de façon incorrecte ?

Wittgenstein maintient, d'après l'interprétation de Kripke, que seules les interactions sociales peuvent nous permettre de distinguer entre le fait de suivre une règle de façon correcte et le fait de la suivre de façon incorrecte. Une personne prise isolément ne peut pas faire une telle distinction : tout ce qu'elle tient pour correct est correct pour elle (§ 202, notamment). Seule l'interaction avec l'autrui crée une distinction entre

---

[5]Kripke (1982) / traduction française Kripke (1996), chapitre 2. Pour un exposé en français du problème, voir aussi Bouveresse (1987).

ce qu'une personne considère comme correct et ce qui est correct aux yeux d'autrui. En mettant cette distinction à notre disposition, les interactions sociales déterminent un contenu conceptuel pour nos croyances – contenu conceptuel qui nous permet d'appliquer des concepts dans des situations nouvelles.

Donald Davidson (1917–2003) met en avant un argument similaire. Afin de maîtriser un concept F et de former des croyances, il est nécessaire de posséder le concept de vérité objective : il faut savoir que l'application du contenu de croyances est toujours correcte ou incorrecte (les croyances sont alors soit vraies, soit fausses). Or, une personne prise isolément ne peut pas distinguer par elle-même entre une application correcte et une application incorrecte d'un certain contenu. L'interprétation mutuelle dans des interactions sociales est une condition nécessaire pour acquérir cette distinction.[6]

Comment cette position peut-elle éviter l'objection qui voudrait que l'interaction sociale *présuppose* des états intentionnels ? En gros, cette position se base sur la notion d'attitudes normatives – des attitudes consistant à considérer quelque chose comme correct ou incorrect. Ces attitudes normatives ne sont pas encore des états intentionnels ayant un contenu conceptuel. Elles constituent le point de départ pour un processus d'interactions sociales qui détermine le contenu des concepts que possède une personne. Les attitudes normatives s'expriment par le biais des sanctions physiques qu'exerce une personne envers une autre en vue de renforcer ou de réprimer certaines formes du comportement de cette dernière. Les sanctions provoquent un processus de détermination des conditions dans lesquelles concordent les réactions des personnes face à leur environnement. Ces conditions constituent les conditions normales pour l'emploi des concepts d'un certain type. Les sanctions déterminent par là des conditions d'application pour des concepts, ainsi que des normes de transition entre différents concepts – en bref, du contenu conceptuel. Se basant sur les notions d'attitude normative et de sanctions, plusieurs philosophes cherchent ainsi à développer une théorie des états intentionnels dont le contenu conceptuel est déterminé par des pratiques sociales sans que cette théorie ne soit circulaire ou paradoxale.[7]

---

[6] Voir Davidson (1984) / traduction française Davidson (1993b), essais 9 à 12. Cf. Child (1994), chapitre 1.

En philosophie contemporaine, Robert B. Brandom (*1950) (1994, première partie) a fourni l'élaboration la plus détaillée de cette position. Il distingue trois sortes de relations normatives en lesquelles consiste le contenu conceptuel d'une croyance du type P :

- *Engagement (commitment, en anglais)* : Si une personne a une croyance ou produit un énoncé du type P, elle s'engage à accepter des énoncés d'autres types. Pour revenir à l'exemple du tigre mentionné plus haut, si une personne a la croyance ou produit l'énoncé qu'il y a un tigre dans l'entrée du bâtiment, elle s'engage à accepter l'énoncé qu'il y a une bête féroce là où les gens entrent dans le bâtiment.

- *Permission (entitlement)* : En produisant un énoncé du type P, une personne est en droit de produire des énoncés d'autres types. Par exemple, si quelqu'un produit l'énoncé « il y a un tigre dans l'entrée du bâtiment », cet énoncé inclut la permission ou l'autorisation de produire les énoncés « les gens sont menacés » et « il faut appeler la police ». Si la pertinence de ces derniers énoncés est remise en doute par un tiers, la personne qui les a produits peut motiver leur pertinence en référant à l'énoncé « il y a un tigre dans l'entrée du bâtiment ».

- *Permission exclue (interdiction) (precluded entitlement)* : En produisant un énoncé du type P, la permission ou l'autorisation de produire certains énoncés d'autres types est exclue. Par exemple, si quelqu'un produit un énoncé signalant la présence d'un tigre à l'entrée du bâtiment, cet énoncé exclut la permission de produire un énoncé indiquant que tout se passe bien dans le bâtiment.

D'après Brandom, nous sommes des êtres pensants parce que nous nous attribuons mutuellement des engagements, des permissions et des permissions exclues. Suivant cette position, la notion de croyance et celle d'énoncé sont interchangeables, car seule l'énonciation d'une croyance peut fixer son contenu conceptuel en déterminant des relations d'engagement, de permission et de permission exclue. Selon cette position, en bref, nous sommes des êtres pensants, ayant des états intentionnels, grâce aux pratiques sociales qui déterminent certaines relations norma-

---

[7]Voir, par exemple, Pettit (1993), pp. 76–108, Pettit (2002), pp. 3–10, Haugeland (1998), pp. 147–150, et Esfeld (2001), chapitre 3.2.

tives en lesquelles consiste le contenu conceptuel (le rôle inférentiel) de nos états intentionnels.

Le holisme social peut être conçu comme une sorte de fonctionnalisme, à savoir un fonctionnalisme des rôles sociaux et normatifs. La fonction d'un état intentionnel (son contenu conceptuel) consiste en des relations normatives à d'autres types d'états intentionnels – à savoir, à d'autres croyances ainsi qu'à des actions – qui sont déterminées par des pratiques sociales. Selon les *Investigations philosophiques* de Wittgenstein, par exemple, pour tous les types d'états intentionnels, la fonction d'un état intentionnel est son rôle dans une forme de vie en commun (« Lebensform » en allemand). On examinera dans le prochain chapitre le rapport entre ce fonctionnalisme social et le fonctionnalisme des rôles causaux présenté dans les chapitres 6 et 7.

11.4 Résumé

L'externalisme en philosophie du langage maintient que des conditions externes à la personne sont cruciales pour la détermination du contenu conceptuel de ses états intentionnels. L'externalisme physique, développé notamment par Putnam, soutient que la constitution réelle du référent d'un concept fait partie de la détermination de son contenu. On fait une distinction entre deux sortes d'intensions qui, ensemble, constituent le contenu conceptuel : l'intension primaire d'un concept, qui est son rôle inférentiel dans un langage donné et l'intension secondaire, qui est le référent du concept en question dans le monde réel. Le holisme sémantique explique ce qu'est le rôle inférentiel d'un concept. L'externalisme ou holisme social soutient que l'environnement social, à savoir des interactions sociales, détermine le rôle inférentiel (intension primaire) des concepts. L'argument principal dérive du problème de suivre des règles. Le holisme social peut être considéré comme une sorte de fonctionnalisme, c'est-à-dire un fonctionnalisme des rôles sociaux et normatifs.

11.5 Suggestions de lecture

Sur l'externalisme physique : Putnam (2003).
Sur le holisme sémantique : Sellars (1992), chapitres 3 à 7.
Sur le problème de suivre des règles : Kripke (1996), chapitre 2.

Sur le holisme social : Brandom (1994), chapitre 1 ; Haugeland (1998), pp. 147–150.

11.6 Questions de contrôle

1) En quoi consiste l'externalisme de Putnam ?
2) Quelle est la distinction entre l'intension primaire et l'intension secondaire d'un concept ?
3) Quelle est la distinction entre un contenu conceptuel large et un contenu conceptuel étroit ?
4) Comment cette distinction s'applique-t-elle à l'externalisme physique ?
5) Quelles sont les deux thèses du holisme sémantique de Sellars ?
6) Quel est le rapport entre le holisme sémantique et le fonctionnalisme ?
7) Quels sont les deux aspects du problème de suivre des règles ?
8) De quelle façon le holisme social résout-il le problème de suivre des règles ?
9) Quel est l'argument de Davidson en faveur du holisme social ?
10) Qu'est-ce qu'on entend par « attitude normative » dans ce contexte ?
11) Quelles relations normatives, déterminées par des pratiques sociales, fixent le contenu conceptuel d'une croyance ou d'un énoncé donné selon Brandom ?
12) En quel sens le holisme social est-il une sorte de fonctionnalisme ?

11.7 Propositions de travail

– *L'externalisme physique de Putnam* : reconstruction et évaluation de l'argument de Putnam en faveur de l'externalisme sémantique. Littérature : Putnam (2003).
– *L'intension primaire et l'intension secondaire* : reconstruction de cette distinction, discussion de sa portée pour la philosophie du langage et la philosophie de l'esprit. Littérature : Chalmers (1996), pp. 52–71.

- *La distinction entre un contenu étroit et un contenu large* : reconstruction de la motivation de cette distinction et évaluation de sa portée. Littérature : Block (1986) ; Fodor (1987), chapitre 2.
- *Le holisme sémantique* : reconstruction et discussion de l'argument de Sellars en faveur du holisme sémantique. Littérature : Sellars (1992), chapitres 3 à 7, et le commentaire dans Sellars (1997).
- *L'idée du holisme social* : reconstruction et évaluation de l'idée directrice du holisme social. Littérature : « Pensée et discours » (1975) dans Davidson (1993b), chapitre 11 ; Child (1994), chapitres 1 et 2 ; Brandom (1994), chapitre 1.
- *Le problème de suivre des règles* : reconstruction de ce problème et évaluation de sa portée pour la philosophie du langage et la philosophie de l'esprit. Littérature : Wittgenstein (1961), §§138–242 ; Kripke (1996), chapitres 1 à 3.
- *Le holisme social et le contenu conceptuel* : explication et évaluation des propositions concernant la façon dont des pratiques sociales déterminent le contenu conceptuel. Littérature : Pettit (1993), pp. 76–108 ; Pettit (2002), pp. 3–10 ; Haugeland (1998), pp. 147–150 ; Esfeld (2001), chapitre 3.2.
- *La théorie des pratiques sociales de Brandom* : reconstruction et discussion critique de la théorie de Brandom des relations normatives en lesquelles consiste le contenu conceptuel d'une croyance ou d'un énoncé donné. Littérature : Brandom (1994), première partie.

Chapitre 12

LE CONTENU CONCEPTUEL : HOLISME SOCIAL ET CAUSALITÉ MENTALE

But du chapitre : saisir la différence entre le holisme social en tant que théorie causale et le holisme social en tant que théorie constitutive du contenu des concepts ; se rendre compte des conséquences de ces positions pour la causalité mentale et le statut des états intentionnels ; comprendre l'ambiguïté de la position de Davidson, l'instrumentalisme de Dennett ainsi que la transition vers le matérialisme éliminatif.

12.1 LE HOLISME SOCIAL : THÉORIE CAUSALE OU THÉORIE CONSTITUTIVE ?

Davidson (1987) se met en scène dans l'expérience de pensée suivante : il nous invite à l'imaginer s'enfonçant dans des marais et s'y noyant. Tout à coup, une configuration de molécules se forme dans les marais qui est qualitativement identique à ce qu'il était juste avant de mourir. L'homme qui sort des marais a exactement le même corps et le même cerveau que Davidson. Par conséquent, l'homme des marais est fonctionnellement identique à Davidson – il a notamment les mêmes dispositions comportementales que Davidson –, bien qu'il ne soit pas Davidson. Pour ceux qui sont restés en dehors des marais, l'homme qui en sort est absolument indiscernable de Davidson : il se comporte comme Davidson, il parle l'anglais comme Davidson, etc. Cette expérience de pensée décrit une situation ou un monde possible : supposer que Davidson décède dans des marais et que se forme spontanément une configuration de molécules qualitativement identique au corps et cerveau de Davidson ne contredit aucune loi de la nature (bien que la probabilité qu'une telle configuration se forme soit extrêmement minime et qu'on ne puisse pas mettre en œuvre concrètement une telle expérience en raison de l'immense complexité de la configuration moléculaire dont il s'agit). La question pertinente est de savoir si l'homme des marais est dans les mêmes états intentionnels que Davidson, c'est-à-dire s'il maîtrise les mêmes concepts, s'il a les mêmes croyances et les mêmes volitions que Davidson.

Si, et seulement si, on répond à cette question par l'affirmative, on accepte la thèse de la survenance psychophysique locale (voir 4.3) : si deux personnes sont qualitativement identiques eu égard à leurs états cérébraux, elles sont également qualitativement identiques eu égard à leurs états mentaux, y compris leurs états intentionnels. En bref, l'identité cérébrale implique l'identité mentale. Par conséquent, s'il y a une différence mentale entre deux personnes, c'est qu'il y a également une différence cérébrale. si l'on maintient le fonctionnalisme des rôles causaux, on s'engage également de répondre à cette question par l'affirmative : d'après toutes les versions du fonctionnalisme des rôles causaux discutées dans les chapitres 6 et 7, chaque type d'état mental est caractérisé par un rôle causal. Ce rôle causal est réalisé par des configurations d'états cérébraux. Il y a un argument fort qui milite en faveur d'une réponse positive à cette question : le comportement de l'homme des marais, y compris son comportement verbal, est indiscernable du comportement de Davidson. Par conséquent, dans la mesure où les états intentionnels sont causalement efficaces et pertinents pour expliquer les actions d'une personne, ces états surviennent sur des états cérébraux, voire sont réalisés par ceux-ci (réalisation au sens d'identité d'occurrences).

En ce qui concerne le holisme sémantique – position qui soutient que le contenu conceptuel des états intentionnels d'une personne consiste en un rôle inférentiel –, l'expérience de pensée de l'homme des marais ne pose pas de problème : le rôle inférentiel qui fixe le contenu conceptuel des états intentionnels peut être un rôle interne à la personne, c'est-à-dire qu'il peut consister en des dispositions que manifeste la personne à tirer certaines inférences. Rien n'empêche que ces dispositions soient réalisées dans le cerveau. Pour revenir au vocabulaire introduit au début du chapitre précédent, le rôle inférentiel est l'intension primaire ou le contenu étroit d'un concept, parce que c'est lui qui est causalement efficace eu égard aux actions de la personne qui possède le concept en question. C'est pour cette dernière raison que le rôle inférentiel est pertinent pour l'explication des actions de la personne en quesiton. De plus, la position selon laquelle la pensée est liée au langage mène à la même conclusion : le comportement verbal de l'homme des marais est indiscernable du comportement verbal de Davidson. Ce fait milite en faveur de l'attribution de la maîtrise de l'anglais à l'homme des marais, bien que celui-ci n'ait pas bénéficié d'une socialisation lui ayant permis d'apprendre l'anglais.

Quant au holisme social, cette expérience de pensée nous force à en préciser la portée : s'agit-il d'une théorie *causale* des conditions normales qui forment les rôles inférentiels en lesquels le contenu conceptuel de nos états intentionnels consiste ? Ou s'agit-il d'une théorie de ce qui est *constitutif* pour le contenu des concepts dans toutes les circonstances ? Dans le premier cas, il est question d'une théorie portant sur la genèse du contenu des concepts dans des circonstances normales ; dans le deuxième cas, il est question d'une théorie portant sur des facteurs constitutifs du contenu des concepts dans toutes les situations ou mondes possibles (nécessité métaphysique).

Pour être plus précis, dans le premier cas, on maintient la position suivante : dans des circonstances normales – c'est-à-dire en dehors de circonstances possibles mais non réelles, comme celles que Davidson imagine dans son expérience de pensée –, des pratiques sociales forment le contenu des concepts que possèdent les individus en fixant leur rôle inférentiel, comme nous l'avons vu dans le chapitre précédent. C'est en participant à des telles pratiques sociales qu'un être humain devient un être pensant, parlant un langage, maîtrisant des concepts et étant ainsi dans des états qui ont un contenu conceptuel.[1] Cette formation du contenu conceptuel est un processus causal qui passe par le cerveau. Toutefois, dans des circonstances extraordinaires qui ne sont pas réelles, mais possibles – au sens où elles ne contredisent aucune loi de la nature –, une personne peut être un être pensant, maîtrisant des concepts et se trouver dans des états qui ont un contenu conceptuel précis sans avoir participé à des interactions sociales, comme c'est le cas pour l'homme des marais, parce que son cerveau est qualitativement identique au cerveau d'une personne qui a connu une socialisation normale.

Par conséquent, si l'on admet que l'homme des marais est dans des états intentionnels qui ont un contenu conceptuel, on ne peut pas soutenir une position selon laquelle la participation à des pratiques sociales est *constitutive* du contenu des concepts. En effet, le contenu conceptuel des états intentionnels de l'homme des marais peut être réalisé par ses états cérébraux sans qu'il ait eu à participer à des pratiques sociales.

---

[1] Voir Pettit (1993), p. 179, pour un holisme social dont la portée est celle d'une théorie causale de l'acquisition de concepts.

Dans ce cas, on se trouve dans l'obligation de développer une théorie selon laquelle la maîtrise de concepts, pour une personne, peut bel et bien être causée par des pratiques sociales, mais qui avance également que ce qui constitue le contenu des concepts (le rôle inférentiel) consiste en certaines dispositions que possède cette personne, à savoir des dispositions à tirer certaines inférences, y compris certaines inférences pratiques (des actions), quelle que soit l'origine causale de ces dispositions.[2] Autrement dit, en bref, le rôle inférentiel qui constitue le contenu des concepts est identique à un rôle causal réalisé par des configurations d'états cérébraux des personnes qui possèdent ces concepts.

Si, par contre, on refuse d'attribuer des états intentionnels avec un contenu conceptuel à l'homme des marais, puisque celui-ci n'a pas participé à des pratiques sociales, on est obligé d'admettre que le contenu des concepts est formé par des pratiques sociales, mais sans que cette formation soit un processus causal qui passe par le cerveau (étant donné que les états cérébraux de l'homme des marais sont qualitativement identiques aux états cérébraux d'un sujet pensant normalement socialisé). Par conséquent, le contenu conceptuel est un épiphénomène et il est sans importance pour l'explication du comportement d'une personne. Autrement dit, si des facteurs externes constitutifs des états intentionnels d'une personne ne passent pas par une réalisation cérébrale, ces facteurs sont épiphénoménaux quant au comportement, y compris linguistique, de la personne en question et ne jouent aucun rôle dans l'explication de ses actions.[3]

Or, une telle conclusion revient à réduire à l'absurde le holisme social : à la rigueur, on peut soutenir que les *qualia* sont des épiphénomènes, comme le fait, par exemple, Jackson (1982) dans l'article dans lequel il développe l'expérience de pensée de Marie (voir 9.1). On peut dire que même si les *qualia* étaient épiphénoménaux, la supposition de leur existence ne serait pas mise en danger car, ce qui les caractérise, c'est une certaine sorte d'expérience vécue. Autrement dit, il est envisageable de défendre une position selon laquelle les *qualia* existent, même

---

[2] Voir Martin et Heil (1998) pour une telle réponse au problème de suivre des règles soulevé par Kripke (1982) / traduction française Kripke (1996), chapitre 2.

[3] Voir van Gulick (1993), Jacob (1997), chapitres 7 et 8, ainsi que Corbi et Prades (2000), chapitre 6, eu égard à la tension entre l'externalisme et l'efficacité causale des états intentionnels en général.

s'ils ne sont pas intégrés à l'organisation fonctionnel de la personne qui les possède. En ce qui concerne les états intentionnels, par contre, il est essentiel que ceux-ci soient intégrés dans l'organisation fonctionnel de la personne qui les possède. La raison pour laquelle nous attribuons des états intentionnels à des êtres humains est que ces états et leur contenu conceptuel sont causalement efficaces sur le comportement des individus. La causalité mentale, y compris la liberté de la volonté, sont au centre de la conception que nous nous faisons de nous-mêmes parce que nous sommes convaincus qu'une bonne partie de notre comportement est causalement déterminé par ce que nous pensons et ce que nous voulons faire, c'est-à-dire par nos états intentionnels et leur contenu conceptuel (voir 4.1 et 8.1). Si les états intentionnels étaient épiphénoménaux, on pourrait remettre en question leur existence.

12.2 Le monisme anomal de Davidson : position ambiguë

L'ambiguïté du holisme social – théorie causale ou théorie constitutive du contenu des concepts ? – ressort clairement dans la position de Davidson. Celui-ci était le premier à appliquer la notion de survenance au rapport entre le corps et l'esprit. La thèse de la survenance psychophysique implique qu'il y a des conditions physiques suffisantes pour l'occurrence de chaque état mental, y compris de chaque état intentionnel et de son contenu conceptuel. De plus, Davidson défend une version de la théorie de l'identité psychophysique : d'après lui, tous les événements mentaux sont identiques à des événements physiques. Autrement dit, tous les événements sont des événements physiques, admettant une description en termes physiques, et certains de ces événements sont également des événements mentaux, admettant une description en termes mentaux.[4]

Il est aujourd'hui largement reconnu que l'ontologie davidsonnienne des événements n'est pas en mesure de tenir compte de la causalité mentale. Au lieu de parler d'*états* physiques et d'*états* mentaux, Davidson utilise les notions d'*événements* physiques et d'*événements* mentaux. À la différence de la conception des états qu'on adopte dans ce livre, la notion d'événement de Davidson permet qu'un événement exemplifie plusieurs propriétés – notamment des propriétés mentales et des propriétés

---

[4] Voir Davidson (1970) / traduction française Davidson (1993a) et Davidson (2002).

physiques – au lieu d'être une occurrence d'une seule propriété. Selon Davidson, la causalité est une relation entre des événements individuels en tant que tels, indépendamment de leur description en termes physiques ou mentaux. Néanmoins, il est raisonnable de demander en vertu de quelle(s) propriété(s) un événement e_1 cause un autre événement e_2. si l'on se propose de donner une explication causale, il ne suffit pas de dire qu'e_1 cause e_2. Il faut désigner les propriétés en vertu desquelles e_1 cause e_2.[5] Par exemple, si la voix d'une chanteuse soprano brise un verre en cristal, c'est en vertu de l'onde sonore physique des paroles chantées – et non en vertu du contenu conceptuel des paroles – que le verre se brise.[6] Le contenu conceptuel des paroles chantées ne contribue en rien à cet effet.

Le problème qu'entraîne l'ontologie d'événements de Davidson consiste à savoir comment un événement e_1 peut causer un événement e_2 du fait qu'il exemplifie des propriétés mentales. On objecte contre Davidson qu'il ne peut pas montrer qu'un événement e_1 cause un événement e_2 grâce à ses propriétés mentales car, selon lui, la causalité est liée à des lois strictes, et seules les lois physiques sont des lois strictes. Pour cette raison, on l'accuse d'épiphénoménisme :[7] ce qu'il considère comme des causes mentales se comporte en effet comme le contenu conceptuel des paroles chantées dans l'exemple susmentionné.

Les faiblesses de la position de Davidson sont toutefois plus graves que cette seule insuffisance de son ontologie des événements. Bien qu'il défende l'identité psychophysique, Davidson ne souscrit pas au fonctionnalisme. Il rejette l'idée de lois psychophysiques, c'est-à-dire de lois qui établissent un lien entre des événements physiques et des événements mentaux. C'est la raison pour laquelle Davidson caractérise sa position comme un *monisme anomal* : « monisme », car tous les événements sont des événements physiques, « anomal », car il n'y a pas de lien nomologique entre les descriptions faites en termes physiques et celles faites en termes mentaux. L'absence de lien nomologique entre ces deux types de descriptions n'est pas uniquement due au fait que les lois physiques sont des lois strictes, n'admettent pas d'exceptions, tandis que les

---

[5] Cf. Horgan (1989).
[6] Exemple de Dretske (1989), pp. 1–2.
[7] Voir la discussion entre Davidson (1993c), Kim (1993b), Brian McLaughlin (1993) et Sosa (1993).

lois des sciences spéciales (s'il en existe) ne sont jamais des lois strictes (par exemple, les lois biologiques – s'il s'agit bien de lois – admettent des exceptions). En effet, en parlant d'anomisme, Davidson vise quelque chose qui est spécifique au domaine mental.

Selon Davidson, le holisme du domaine mental empêche qu'il puisse y avoir des lois psychophysiques, car le holisme impose certaines conditions à l'attribution d'états intentionnels à des personnes.[8] Le holisme sémantique, ayant pour conséquence qu'une personne ne peut pas avoir de croyances isolées, implique un *principe de rationalité* : il n'est pas possible qu'une personne ait des croyances qui sont tout à fait irrationnelles. Une irrationalité systématique entre les croyances annulerait les relations inférentielles en lesquelles consiste leur contenu conceptuel et, donc, leur caractère de croyance. Le principe de rationalité aboutit d'après Davidson à un principe de base pour l'interprétation des personnes, à savoir *le principe de charité* : il faut interpréter les énoncés et les actions d'une personne de manière à lui attribuer un système de croyances qui soit aussi cohérent que possible – c'est-à-dire, aussi rationnel que ses énoncés et ses actions le permettent. Le principe de charité implique un *principe de révocabilité* : on peut révoquer chaque attribution d'un état intentionnel à une personne suite à d'autres énoncés et actions de cette personne. Chaque attribution d'une croyance à une personne se fait ainsi sous réserve de rationalité : étant donné l'énoncé que *p*, on peut attribuer la croyance que *p* à la personne en question seulement sous réserve que cette personne ne produise pas d'autres énoncés qui impliquent évidemment que *nonp*. Davidson développe une théorie de l'interprétation qui se base sur une méthode de triangulation entre (1) un interprète qui (2) cherche à interpréter les énoncés d'un sujet parlant (3) dans un environnement physique que les deux partagent.

Or, pour arriver de ces principes à la conclusion de l'anomisme du domaine mental, il est nécessaire de considérer ces principes et la triangulation non seulement comme une méthode pour *détecter* le contenu conceptuel des états intentionnels d'un sujet parlant, mais comme des principes qui sont *constitutifs* des états intentionnels d'autrui : être dans des états intentionnels est forcément lié (nécessité métaphysique, non seulement fait causal qui se produit en réalité) à des pratiques sociales

---

[8]Voir les essais dans Davidson (1984) / traduction française Davidson (1993b).

d'interprétations, au sens d'attributions mutuelles d'états intentionnels. Par conséquent, le contenu conceptuel des croyances d'une personne ne survient pas sur ses états internes (états cérébraux), mais il est déterminé par l'environnement social, par le biais d'une procédure d'interprétation – dans la mesure où le contenu conceptuel est déterminé, puisqu'il reste dans une certaine mesure indéterminé en vertu du principe de révocabilité.

On constate dès lors une ambiguïté dans la position de Davidson : d'une part, il adopte non seulement la thèse de la survenance psychophysique, mais encore la thèse selon laquelle les événements mentaux sont identiques à des événements physiques. Les événements physiques en question sont évidemment des événements cérébraux. La thèse de la survenance et la thèse de l'identité psychophysique n'autorisent qu'une lecture épistémique de la méthode de triangulation, comme des principes de charité et de révocabilité : il faut appliquer cette méthode et ces principes pour *découvrir* les états intentionnels d'autrui (comme il faut utiliser certains instruments pour découvrir la composition microphysique de la matière). Toutefois, l'*existence* des états intentionnels d'autrui et de leur contenu conceptuel ne dépend pas de l'application de cette méthode (comme l'existence des atomes et de leurs propriétés physiques ne dépend pas de nos instruments d'observation). Il y a des conditions physiques suffisantes qui fixent le contenu conceptuel des états intentionnels (si l'on suit la thèse de la survenance psychophysique), et ces conditions sont réunies dans le cerveau (si l'on suit la thèse de l'identité psychophysique). Par conséquent, il existe des lois psychophysiques qui expriment les conditions physiques suffisantes pour l'occurrence d'un contenu conceptuel donné (voir 5.4), bien qu'il soit possible que nous ignorions ces lois.

D'autre part, si la mise en œuvre de pratiques d'interprétation – et, notamment, l'application des principes de charité et de révocabilité – constitue le contenu des concepts, il n'y a pas de conditions physiques, réunies dans le cerveau, qui déterminent le contenu conceptuel des états intentionnels d'une personne, et, de plus, ce contenu reste toujours, dans une certaine mesure, indéterminé (conséquence du principe de révocabilité), et il ne peut pas être causalement efficace. Par conséquent, l'existence d'un tel contenu conceptuel devient douteuse.

12.3 Dennett : l'attitude intentionnelle

La position de Davidson est ambiguë parce que, d'une part, il adopte un matérialisme (théorie de l'identité psychophysique, monisme matérialiste) et que, d'autre part, il explique ce qui est spécifique au domaine mental en des termes qui sont incompatibles avec le matérialisme (anomisme du domaine mental). Au lieu de tirer du caractère ambivalent de la position de Davidson la conséquence que c'est la tâche de la philosophie de l'esprit de chercher une théorie qui rend compte de ce qui est spécifique au domaine mental tout en montrant comment les états mentaux peuvent faire partie du monde physique, piste que poursuit le fonctionnalisme des rôles causaux, on peut refuser cette tâche. Acceptant le monisme matérialiste, on peut développer la théorie de l'interprétation de Davidson dans un sens qui met en cause la réalité des états intentionnels, élaborant ainsi une version instrumentaliste de sa théorie de l'interprétation.

On associe l'instrumentalisme à l'égard des états intentionnels à la position de Daniel Dennett (*1942), notamment. Ce philosophe introduit la notion d'*attitude intentionnelle* (*intentional stance*).[9] Si l'on adopte cette attitude eu égard à un système, on traite le système en question comme un agent rationnel, c'est-à-dire comme ayant des croyances et des désirs. Étant donné la position du système dans son environnement et de ses intérêts (intérêt de survivre et de procréer, etc.), on attribue au système les croyances et les désirs qui sont rationnels pour lui. Sur cette base, on prédit son comportement. Le système est un système intentionnel si, et seulement si, la plupart de ces prédictions sont couronnées de succès et s'il n'y a aucune autre méthode de prédiction qui connaisse le même succès.

À côté de l'attitude intentionnelle, Dennett distingue deux autres attitudes. *L'attitude physique* (*physical stance*) consiste à prédire le comportement d'un système sur la base de sa composition physique et de mettre à l'épreuve ces prédictions dans des expériences scientifiques. Quelque chose est un système physique si, et seulement si, cette méthode de prédiction s'y applique avec succès.

---

[9] Je préfère la traduction par « attitude intentionnelle » que j'adopte de Fisette et Poirier (2000), p. 71. Engel utilise « perspective intentionnelle » dans Dennett (1990), p. IX, et « posture intentionnelle » dans Engel (1994), p. 105.

L'*attitude du dessein* (*design stance*) consiste à prédire le comportement d'un système sur la base de ses propriétés fonctionnelles. C'est cette attitude qu'adopte, par exemple, un utilisateur lambda envers son ordinateur, un cuisinier envers ses ustensiles de cuisine, ou encore, un téléspectateur envers son téléviseur. Quand on adopte cette attitude, on ne s'intéresse pas à la composition physique du système, mais uniquement à sa fonction. Quelque chose est un système fonctionnel si, et seulement si, cette méthode de prédiction donne, à son égard, des résultats que l'attitude physique ne permet pas d'obtenir.[10]

On peut considérer la philosophie de Dennett comme instrumentaliste, parce que les attitudes qu'il y conceptualise se définissent par leur succès prédictif. Selon Dennett, c'est une condition nécessaire et suffisante pour que x soit un système intentionnel qu'on puisse prédire son comportement en adoptant l'attitude intentionnelle – à condition qu'une autre méthode de prédiction ne connaisse le même succès. On peut, dès lors, appliquer l'attitude intentionnelle à toutes sortes de systèmes – non seulement à des êtres humains, mais encore à des animaux, à des plantes, à des ordinateurs, etc. – dans la mesure où l'on fait des progrès dans la prédiction des comportements des systèmes en question en adoptant cette attitude. Suivant Dennett, il est dépourvu de sens de se demander si les systèmes auxquels on peut appliquer cette méthode de prédiction avec succès sont vraiment dans des états intentionnels. Dennett parle cependant de certaines caractéristiques spécifiques (il utilise le terme de *patterns*) à l'organisation et au comportement de tels systèmes.[11] si l'on se réfère à ces caractéristiques en adoptant l'attitude intentionnelle et si cette stratégie réussit, on peut conclure que le système est dans des états intentionnels. Néanmoins, il ne s'agit que de trames qu'on peut interpréter comme si elles constituaient des états intentionnels. Selon Dennett, quelque chose est un système intentionnel uniquement en relation avec les stratégies de quelqu'un qui essaie d'expliquer et de prédire son comportement.[12]

La position instrumentaliste de Dennett évite les problèmes ontologiques de la philosophie de l'esprit, comme celui de la causalité mentale. Cette position a cependant son prix : en adoptant une attitude instrumen-

---

[10] Voir Dennett (1987) / traduction française Dennett (1990), chapitres 2 et 3.
[11] Voir surtout Dennett (1991b) / traduction française Dennett (2002).
[12] Voir surtout Dennett (1986), chapitre 1, pp. 3–4.

taliste envers les états intentionnels, on aboutit à une position éliminative envers ces états (notons que Dennett lui-même n'est pas prêt à accepter cette conséquence). Si l'attribution d'états intentionnels à des personnes n'est qu'une méthode pour prédire leur comportement, on peut être tenté de dire que les états intentionnels n'existent en fait pas. Il ne s'agit que d'un jeu d'interprétation que nous jouons. La science future mettra à notre disposition une méthode de prédiction qui pourra se passer de l'attitude intentionnelle.

12.4 Le matérialisme éliminatif

La position qui accepte une telle conséquence est connue sous le nom de matérialisme éliminatif (*eliminative materialism*, en anglais).[13] Elle a été lancée par des philosophes de premier plan, comme Paul Feyerabend (1924–1994) ou Richard Rorty (1931–2007), dans les années 1960.[14] Aujourd'hui, Paul et Patricia Churchland (*1942, *1943) sont les représentants les plus influents de ce courant.[15] Selon le matérialisme éliminatif, il n'existe que des états physiques. Si nous sommes persuadés que des états mentaux existent, c'est que nous adhérons à une théorie fausse. En effet, d'après le matérialisme éliminatif, la psychologie du sens commun est une théorie radicalement fausse. On apporte notamment les deux arguments suivants pour établir cette conclusion :

- *L'argument de cohérence* : On justifie une proposition ou une théorie en montrant comment elle s'accorde avec nos autres théories. Or, la psychologie du sens commun n'est pas cohérente avec nos connaissances scientifiques. Il s'agit d'un vestige de l'époque préscientifique. Le système scientifique nous offre un remplaçant de la psychologie du sens commun, à savoir les neurosciences.
- *L'argument d'échec empirique* : La psychologie du sens commun ne connaît pas de succès dans l'explication du comportement humain. Suivant Paul Churchland, elle ne parvient pas expliquer des phénomènes comme la dynamique des troubles mentaux, l'imagination créatrice, les fondements des différences individuelles en matière d'intelligence, les fonctions psychologiques du sommeil,

---

[13] J'adopte la traduction « matérialisme éliminatif » d'Engel (1994). Fisette et Poirier (2002) utilisent la traduction « matérialisme éliminativiste ».

[14] Voir surtout Feyerabend (1963) et Rorty (1965).

[15] Voir surtout Paul Churchland (1981) / traduction française Churchland (2002).

> les illusions perceptuelles, la mémoire, etc. La psychologie du sens commun existe déjà depuis des milliers d'années, sans qu'on puisse constater de progrès. Bien au contraire, les sciences contredisent de plus en plus fréquemment la psychologie du sens commun depuis l'époque moderne. Les neurosciences, elles, ouvrent la perspective d'une explication du comportement humain qui sera couronné de succès.[16]

Selon le matérialisme éliminatif, la psychologie du sens commun a aujourd'hui le même statut que les théories des sorcières à la fin du Moyen Âge et la théorie du phlogistique à la fin du 18e siècle. Le matérialiste éliminatif accepte les arguments qui visent à montrer qu'il est impossible de réduire les concepts mentaux à des concepts physiques. Il tire pourtant la conclusion suivante : tant pis pour les concepts mentaux ![17] En d'autres termes, si une réduction des concepts mentaux ne s'avère pas possible, ces concepts ne font référence à rien et il faut les éliminer. Le matérialiste éliminatif peut pourtant accepter l'attitude intentionnelle que souligne Dennett comme instrument utile pour la prédiction du comportement humain. Néanmoins, contrairement à Dennett, il fait la proposition suivante : la science future mettra à notre disposition une méthode de prédiction qui pourra se passer de cette attitude. Il faut s'efforcer de développer une telle science au lieu de se cramponner à l'attitude intentionnelle.

Le matérialisme éliminatif est une position qui est souvent abordée, mais qui n'a que peu d'adhérents. Comment peut-on attaquer les arguments qui cherchent à établir cette position ? Premièrement, on peut contester le diagnostic d'échec empirique de la psychologie du sens commun. Les points qu'énumère Churchland portent sur des phénomènes dont il est contestable qu'ils appartiennent au domaine de la psychologie du sens commun. Celle-ci connaît un succès énorme dans la prédiction et l'explication des actions humaines.[18] De plus, il y a une transition continue entre la psychologie du sens commun et la psychologie scientifique, qui produit des théories scientifiques respectables. Or, la psychologie scientifique ne peut pas se dispenser des concepts mentaux.

---

[16] Voir Churchland (1981) / traduction française Churchland (2002), section 2.
[17] Voir déjà Quine (1960) / traduction française Quine (1977), § 45.
[18] Voir surtout Horgan et Woodward (1985) et Fodor (1987), chapitre 1.

Ce raisonnement cherche à réfuter en premier lieu l'argument d'un échec empirique de la psychologie du sens commun. Il ne remet pourtant pas en question la cohérence interne de la position éliminative. Il y a une autre objection qui vise à montrer que les concepts mentaux sont indispensables. Cette objection consiste à avancer que le matérialisme éliminatif est une position contradictoire :

1) Le matérialiste éliminatif maintient qu'il n'y a pas d'états intentionnels. Par conséquent, il n'y a pas d'états qui possèdent un contenu conceptuel, qui font référence à quelque chose, qui sont corrects, etc.

2) Or, le matérialisme éliminatif est lui-même une théorie qui prétend avoir un contenu conceptuel, faire référence à quelque chose, être correcte, etc., et non n'être qu'une chaîne de sons ou de caractères sans signification.

3) Par conséquent, le matérialisme éliminatif contient une contradiction performative : l'exposition de cette théorie (l'acte de la penser, de l'énoncer) contredit son contenu – à l'instar des énoncés « je n'existe pas », « je ne pense pas », « je ne parle pas », etc.

Churchland répond à cette objection en avançant qu'elle se base sur une pétition de principe, à savoir qu'elle présuppose ce qu'elle cherche à établir. D'après Churchland, cette objection contient la même erreur que l'argument suivant qu'avance l'adhérent à la thèse vitaliste, c'est-à-dire à la position d'après laquelle il existe une force vitale non physique :[19]

1) L'antivitaliste affirme que l'élan vital n'existe pas.

2) Or, si l'élan vital n'existe pas, il n'y a aucun être vivant.

3) Par conséquent, l'antivitalisme contient une contradiction performative : l'exposition de cette théorie (l'acte de la penser, de l'énoncer) est une manifestation de la vie, alors que son contenu nie qu'il y ait de la vie.

Cet argument est une pétition de principe, car la prémisse (2) présuppose que la vie consiste en un élan vital. De même, suivant Churchland, l'objection de contradiction performative contre le matérialisme éliminatif contient une pétition de principe, car elle tient comme établi que

---

[19] Voir Churchland (1981), pp. 89–90 / traduction française Churchland (2002), p. 151.

les théories sont des chaînes de sons ou de caractères sans signification si elles ne sont pas l'expression d'états intentionnels.

Néanmoins, on peut dire, contre Churchland, qu'il y a une différence importante entre ces deux arguments. Nous avons à notre disposition une théorie biochimique de la vie qui se passe de l'hypothèse d'un élan vital. Par contre, nous n'avons aucune idée d'une théorie de la science et des théories scientifiques qui se passe de l'hypothèse qu'il y a des états intentionnels. On peut imaginer, à l'instar de Rorty,[20] une communauté de sujets parlants qui n'utilisent plus les concepts mentaux. Par exemple, au lieu de dire « Je ressens une douleur », ces gens produisent l'énoncé « Mes fibres-C sont stimulées », et au lieu de dire « Je t'aime », ils disent « Mes fibres-A sont stimulées », etc. Toutefois, qu'est-ce que ces gens disent quand ils décrivent les énoncés et les théories scientifiques qu'ils produisent, sinon qu'il s'agit de quelque chose qui possède un contenu conceptuel, qui se réfère à quelque chose, dont on présume qu'il est correct, etc. ? si l'on change le vocabulaire, on ne change pas le fait qu'on produit du vocabulaire, à savoir quelque chose qui possède les traits mentionnés. si l'on maintient qu'il n'y a pas d'états intentionnels, on perd la conception que nous avons de nous-mêmes selon laquelle nous sommes des êtres doués de sensations, pensants et agissants, tout comme on perd les distinctions entre actions et purs comportements, entre normes et purs faits, etc.[21] En résumé, même s'il est discutable que le matérialisme éliminatif contienne une contradiction performative, il y a des arguments forts contre le matérialisme éliminatif.

12.5 Résumé

Si le holisme social est conçu comme une théorie causale de la formation du contenu des concepts (rôles inférentiels) dans des circonstances normales, les processus causaux de détermination du contenu conceptuel passent par le cerveau. Cette position est compatible avec le fonctionnalisme des rôles causaux et sa solution au problème de la causalité mentale. Toutefois, en ce cas, ce qui est constitutif du contenu des concepts, ce sont des dispositions (rôles causaux) de la personne qui possède les concepts en question. Si, par contre, on maintient que les pra-

---

[20] Voir Rorty (1980) / traduction française Rorty (1990), chapitre 2.
[21] Cf. Baker (1987), pp. 128–133.

tiques sociales sont constitutives du contenu des concepts, celui-ci est un épiphénomène et son existence est remise en cause. Cette ambiguïté du holisme social ressort dans le monisme anomal de Davidson. Dennett en tire une conclusion instrumentaliste, et le matérialisme éliminatif maintient que la psychologie du sens commun, sur laquelle le fonctionnalisme des rôles causaux se base, est une théorie fausse qu'il convient de remplacer par une théorie scientifique, à savoir les neurosciences.

12.6 Suggestions de lecture

Sur le monisme anomal : Davidson (1993a) / Davidson (2002).
Sur la théorie de Dennett : Dennett (1990), chapitre 2.
Sur le matérialisme éliminatif : Churchland (2002).

12.7 Questions de contrôle

1) Quelle est la différence entre le holisme social comme théorie causale et comme théorie constitutive du contenu des concepts ?
2) Quelles sont les conséquences de cette différence ?
3) Pourquoi l'existence des états intentionnels est-elle remise en cause si l'on aboutit à la conclusion que le contenu des concepts est un épiphénomène ?
4) En quoi le matérialisme de Davidson consiste-t-il ?
5) Pourquoi Davidson qualifie-t-il sa position de monisme anomal ?
6) Quels sont les principes de la théorie de l'interprétation de Davidson ?
7) Quelle est la tension entre ces principes et le matérialisme de Davidson ?
8) Quelle est la différence entre les trois types d'attitudes que propose Dennett ?
9) Pourquoi la position de Dennett peut-elle être qualifiée d'instrumentaliste ?
10) Quels sont les arguments en faveur du matérialisme éliminatif ?
11) Pourquoi le matérialisme éliminatif a-t-il l'air d'être incohérent ?
12) Comment Churchland répond-il à l'objection d'incohérence ?

12.8 Propositions de travail

- *L'homme des marais* : discussion des conséquences de l'expérience de pensée de Davidson. Littérature : Davidson (1987) ; Davidson (1993a) / Davidson (2002).
- *Les différents aspects du problème de la causalité mentale* : présentation et discussion de l'aspect de l'exclusion causale et de l'aspect de l'externalisme de ce problème. Littérature : van Gulick (1993) ; Jacob (1997), chapitres 7 et 8.
- *Le problème de la causalité mentale chez Davidson* : reconstruction et évaluation de l'objection suivant laquelle Davidson ne peut pas tenir compte de la causalité mentale. Littérature : Davidson (1993a) / Davidson (2002) ; Davidson (1993c) ; Kim (1993b) ; Brian McLaughlin (1993) ; Sosa (1993).
- *Le monisme anomal* : reconstruction et discussion critique de la position de Davidson. Littérature : Davidson (1993a) / Davidson (2002).
- *L'attitude intentionnelle de Dennett* : reconstruction et évaluation de la théorie des états intentionnels de Dennett. Littérature : Dennett (1986), chapitre 1 ; Dennett (1990), chapitres 2 et 3.
- *La psychologie du sens commun – échec ou succès ?* : reconstruction et évaluation de l'argument du matérialisme éliminatif contre la psychologie du sens commun et des objections contre cet argument. Littérature : Churchland (2002) ; Horgan et Woodward (1985) ; Fodor (1987), chapitre 1.
- *Le matérialisme éliminatif est-il une position incohérente ?* : reconstruction et évaluation de l'argument suivant lequel le matérialisme éliminatif implique une contradiction performative. Littérature : Churchland (2002).
- *Si le matérialisme éliminatif était vrai ...* : exposition et évaluation des conséquences du matérialisme éliminatif pour la conception que nous nous faisons de nous-mêmes et de notre vie quotidienne. Littérature : Churchland (2002) ; Rorty (1990), chapitre 2 ; Baker (1987), pp. 128–133.

CONCLUSION : LA SITUATION ACTUELLE EN PHILOSOPHIE DE L'ESPRIT

Rappelons les trois ou, plus exactement, les quatre propositions qui composent le problème de la philosophie de l'esprit :

1) Le principe de la distinction entre états mentaux et états physiques : *les états mentaux ne sont pas des états physiques.*

2) Le principe de la causalité mentale : *des états mentaux causent des états physiques.*

3) Le principe de la complétude causale, nomologique et explicative du domaine des états physiques : *dans la mesure où les états physiques* p *ont des causes, sont soumis à des lois et peuvent être expliqués, alors tout état physique* p *a des causes physiques complètes, est soumis à des lois physiques complètes, et possède une explication physique complète.*

4) Le principe de l'absence de surdétermination régulière : *si des états mentaux causent des états physiques, il n'y a pas de surdétermination causale régulière de ces états physiques en question par des causes physiques complètes et des causes mentales additionnelles.*

Le problème est que ces propositions ne peuvent pas être vraies conjointement. La position principale avancée en vue de résoudre ce problème est, depuis les années 1970, la version fonctionnaliste du physicalisme. Cette position remet en cause la première proposition. Les types d'états mentaux sont des types d'états fonctionnels, définis par un certain rôle causal. Il y a des configurations d'états physiques qui mettent en œuvre ce rôle et qui sont, pour cette raison, des états mentaux. Il est en principe possible de fournir une description physique de chaque occurrence d'état mental et de montrer ainsi comment les états mentaux sont intégrés dans le monde physique et comment ils provoquent des effets physiques.

Cette position soulève plusieurs questions concernant sa formulation exacte et ses implications. Il s'agit là de questions ouvertes sur lesquelles porte la recherche actuelle :

– *Le fonctionnalisme et le réductionnisme* : La version majoritaire du fonctionnalisme est un réductionnisme ontologique – toutes les occurrences d'états mentaux sont identiques à des configurations d'états physiques –, mais un antiréductionnisme épistémologique. On tire de l'argument de la réalisation multiple des états fonctionnels par des états physiques la conclusion qu'il est en principe impossible de réduire les théories employant des concepts mentaux à des théories physiques. Il y a une autre version du fonctionnalisme, qui a connu un succès grandissant ces dernières années, et qui conçoit le fonctionnalisme comme un physicalisme réductionniste, tant sur le plan de l'ontologie que sur celui de l'épistémologie. La question est donc de savoir si le fonctionnalisme mène à un physicalisme réductionniste, et si ce réductionnisme peut être conservatif ou s'il est nécessairement éliminatif (voir 7.3 et 7.4).

– *Le physicalisme a priori et le physicalisme a posteriori* : Étant donné la thèse de la survenance psychophysique globale et la conception fonctionnelle des états mentaux, serait-il possible de déduire *a priori* d'une description complète de la distribution des états physiques fondamentaux du monde toutes les descriptions correctes des états mentaux dans le vocabulaire de la psychologie, à condition qu'on connaisse les définitions fonctionnelles des concepts mentaux du sens commun et de la psychologie scientifique ? Le physicalisme *a priori* soutient cette thèse hardie, tandis que le physicalisme *a posteriori* maintient qu'une telle déduction *a priori* est théoriquement impossible (voir 7.5 ainsi que 10.3).

– *Le fonctionnalisme et l'expérience vécue* : Est-il possible de mettre en avant une conception fonctionnelle des états phénoménaux (les *qualia*) ? Ou ces états sont-ils des états intrinsèques ? D'un côté, il est clair qu'il y a des bons arguments en faveur d'une telle conception fonctionnelle des *qualia* : les états phénoménaux exercent une influence causale sur notre comportement, et c'est une théorie convaincante des propriétés que de maintenir, qu'en tant qu'étant certaines qualités, les propriétés sont des pouvoirs d'engendrer certains effets, c'est-à-dire d'exercer un rôle causal. De l'autre côté, il nous manque une théorie fonctionnaliste détaillée de l'expérience vécue.

– *Le holisme et l'externalisme* : Le fonctionnalisme est, de prime abord, conçu comme une définition des types d'états mentaux en termes de rôles causaux internes à la personne qui les possède. Par le biais de la réalisation physique de ces rôles causaux (au sens d'une identité des occurrences), le fonctionnalisme résout le problème de la causalité mentale. Le fonctionnalisme, ainsi conçu, s'accorde avec le holisme sémantique, le rôle causal étant un rôle inférentiel. L'externalisme physique de Putnam ne pose pas de problème pour cette position, car il ne s'applique pas à l'intension primaire (rôle inférentiel), mais à l'intension secondaire (le référent dans le monde réel). Toutefois, la question demeure ouverte de savoir comment tenir compte des arguments en faveur d'une détermination du rôle inférentiel des concepts par le biais des pratiques sociales (holisme social) : si l'on considère que ces arguments établissent que des pratiques sociales constituent le contenu conceptuel (intension primaire, rôle inférentiel) des états intentionnels, il suit que ce processus de constitution ne passe pas par le cerveau et que le contenu des concepts est épiphénoménal, ce qui remet en cause son existence (instrumentalisme, matérialisme éliminatif). si l'on considère que ces arguments ne concernent que le processus causal de formation du contenu des concepts dans des circonstances normales, on a l'obligation d'adhérer à une théorie selon laquelle certaines dispositions de la personne constituent le contenu conceptuel de ses états intentionnels, quelle que soit l'origine causale de ces dispositions.

D'un côté, la réflexion philosophique sur tous ces sujets n'a pas, jusqu'à présent, produit d'arguments concluants qui réfutent le paradigme fonctionnaliste. D'un autre côté, l'application du schéma de l'explication fonctionnelle à ces sujets n'a pas encore abouti à des théories fonctionnalistes détaillées qui soient généralement convaincantes. Il reste donc du travail à faire – soit pour développer une position alternative qui puisse prendre la place du paradigme physicaliste-fonctionnaliste, soit pour élaborer des théories précises dans le cadre de ce paradigme, en vue de répondre aux questions ouvertes sur lesquelles porte la recherche actuelle.

BIBLIOGRAPHIE

Cette bibliographie contient les ouvrages cités dans le texte et les notes. On trouve une bibliographie détaillée de la philosophie de l'esprit compilée par David Chalmers sur le site web http://consc.net/mindpapers/

Antony, Louise M. (1999) : « Multiple realizability, projectibility, and the reality of mental properties ». *Philosophical Topics* 26, pp. 1–24.

Antony, Louise M. et Levine, Joseph (1997) : « Reduction with autonomy ». In : J. E. Tomberlin (dir.) : *Philosophical Perspectives 11 : Mind, causation, and world*. Oxford : Blackwell. Pp. 83–105.

Averill, Edward et Keating, B. F. (1981) : « Does interactionism violate a law of classical physics ? » *Mind* 90, pp. 102–107.

Baertschi, Bernard (1992) : *Les rapports de l'âme et du corps : Descartes, Diderot et Maine de Biran*. Paris : Vrin.

Baker, Lynne Rudder (1987) : *Saving belief. A critique of physicalism*. Princeton : Princeton University Press.

Balog, Katalin (1999) : « Conceivability, possibility and the mind-body problem ». *Philosophical Review* 108, pp. 497–528.

Bechtel, William et Abrahamsen, Adele (1991) : *Connectionism and the mind : an introduction to parallel processing in networks*. Oxford : Blackwell.

Bechtel, William et Abrahamsen, Adele (1993) : *Le connexionnisme et l'esprit : introduction au traitement parallèle par réseaux*. Traduction par Joëlle Proust. Paris : La Découverte.

Beckermann, Ansgar (1986) : *Descartes' metaphysischer Beweis für den Dualismus : Analyse und Kritik*. Freiburg (Breisgau) : Alber.

Beckermann, Ansgar (2001) : *Analytische Einführung in die Philosophie des Geistes*. Berlin : de Gruyter. Deuxième édition.

Beckermann, Ansgar (2004) : « Identität, Supervenienz und reduktive Erklärbarkeit – Worum geht es beim Eigenschaftsphysikalismus ? » In : W. Hogrebe et J. Bromand (dir.) : *Grenzen und*

Grenzüberschreitungen. XIX. Deutscher Kongress für Philosophie. Vorträge und Kolloquien. Berlin : Akademie-Verlag. Pp. 390–403.

Bennett, Karen (2003) : « Why the exclusion problem seems intractable, and how, just maybe, to tract it ». *Noûs* 37, pp. 471–497.

Bickle, John (2003) : *Philosophy and neuroscience. A ruthlessly reductive account.* Dordrecht : Kluwer.

Bieri, Peter (1992) : « Trying out epiphenomenalism ». *Erkenntnis* 36, pp. 283–309.

Bieri, Peter (dir.) (1993) : *Analytische Philosophie des Geistes.* Bodenheim : Athenäum Hain Hanstein. Deuxième édition.

Bieri, Peter (2001) : *Das Handwerk der Freiheit. Über die Entdeckung des eigenen Willens.* München : Hanser.

Birnbacher, Dieter (1990) : « Das ontologische Leib-Seele-Problem und seine epiphänomenalistische Lösung ». In : K.-E. Bühler (dir.) : *Aspekte des Leib-Seele-Problems. Philosophie, Medizin, künstliche Intelligenz.* Würzburg : Königshausen et Neumann. Pp. 59–79.

Block, Ned (1978) : « Troubles with functionalism ». In : C. W. Savage (dir.) : *Perception and cognition. Minnesota studies in the philosophy of science. Volume 9.* Minneapolis : University of Minnesota Press. PP. 261–325. Réimprimé dans Ned Block (dir.) (1980) : *Readings in the philosophy of psychology. Volume 1.* London : Methuen. Pp. 268–305.

Block, Ned (dir.) (1980/81) : *Readings in the philosophy of psychology. 2 volumes.* London : Methuen.

Block, Ned (1981) : « Psychologism and behaviorism ». *Philosophical Review* 90, pp. 5–43.

Block, Ned (1986) : « Advertisement for a semantics for psychology ». In : P. A. French, T. E. J. Uehling et H. K. Wettstein (dir.) : *Studies in the philosophy of mind. Midwest Studies in Philosophy. Volume 10.* Minneapolis : University of Minnesota Press. Pp. 615–678.

Block, Ned (1990a) : « Can the mind change the world ? » In : G. Boolos (dir.) : *Meaning and method. Essays in honor of Hilary Putnam.* Cambridge : Cambridge University Press. Pp. 137–170.

Block, Ned (1990b) : « Inverted earth ». In : J. E. Tomberlin (dir.) : *Philosophical Perspectives 4 : Action theory and philosophy of mind.* Atascadero : Ridgeview. Pp. 53–80.

Block, Ned, Flanagan, Owen et Güzeldere, Güven (dir.) (1997) : *The nature of consciousness.* Cambridge (Massachusetts) : MIT Press.

Block, Ned et Fodor, Jerry A. (1972) : « What psychological states are not ». *Philosophical Review* 81, pp. 159–181.

Block, Ned et Stalnaker, Robert (1999) : « Conceptual analysis, dualism, and the explanatory gap ». *Philosophical Review* 108, pp. 1–46.

Bouveresse, Jacques (1987) : *La force de la règle. Wittgenstein et l'invention de la nécessité.* Paris : Minuit.

Braddon-Mitchell, David et Jackson, Frank (1996) : *Philosophy of mind and cognition.* Oxford : Blackwell.

Brandom, Robert B. (1994) : *Making it explicit. Reasoning, representing, and discursive commitment.* Cambridge (Massachusetts) : Harvard University Press.

Brentano, Franz (1874) : *Psychologie vom empirischen Standpunkt.* Leipzig : Meiner.

Brentano, Franz (1944) : *Psychologie, du point de vue empirique. Traduction par Maurice de Gandillac.* Paris : Aubier.

Carruthers, Peter (2004) : *The nature of the mind. An introduction.* London : Routledge.

Chalmers, David J. (1996) : *The conscious mind. In search of a fundamental theory.* New York : Oxford University Press.

Chalmers, David J. et Jackson, Frank (2001) : « Conceptual analysis and reductive explanation ». *Philosophical Review* 110, pp. 315–360.

Child, William (1994) : *Causality, interpretation and the mind.* Oxford : Oxford University Press.

Chisholm, Roderick M. (1957) : *Perceiving : A philosophical study.* Ithaca : Cornell University Press.

Chisholm, Roderick M. (1982) : « Human freedom and the self ». In : G. Watson (dir.) : *Free will*. Oxford : Oxford University Press. Pp. 24–35. Réimprimé dans Robert Kane (dir.) (2001) : *Free will*. Oxford : Blackwell. Chapitre 3.

Churchland, Paul M. (1981) : « Eliminative materialism and propositional attitudes ». *Journal of Philosophy* 78, p. 67–90. Réimprimé dans Paul M. Churchland (1989) : *A neurocomputational perspective*. Cambridge (Massachusetts) : MIT Press. Pp. 1–22.

Churchland, Paul M. (1985) : « Reduction, qualia, and the direct introspection of brain states ». *Journal of Philosophy* 82, p. 8–28. Réimprimé dans Paul M. Churchland (1989) : *A neurocomputational perspective*. Cambridge (Massachusetts) : MIT Press. Pp. 47–66.

Churchland, Paul M. (2002) : « Le matérialisme éliminativiste et les attitudes propositionnelles. Traduction par Pierre Poirier ». In : D. Fisette et P. Poirier (dir.) : *Philosophie de l'esprit. Psychologie du sens commun et sciences de l'esprit*. Paris : Vrin. Pp. 117–151.

Corbi, Josep E. et Prades, Josep L. (2000) : *Minds, causes and mechanisms. A case against physicalism*. Oxford : Blackwell.

Crane, Tim (2001) : *Elements of mind. An introduction to the philosophy of mind*. Oxford : Oxford University Press.

Crane, Tim (2002) : « The intentional structure of consciousness ». In : Q. Smith et A. Jokic (dir.) : *Consciousness. New philosophical perspectives*. Oxford : Oxford University Press. Pp. 33–56.

Davidson, Donald (1970) : « Mental events ». In : L. Foster et J. W. Swanson (dir.) : *Experience and theory*. Amherst : University of Massachusetts Press. Pp. 79–101. Réimprimé dans Donald Davidson (1980) : *Essays on actions and events*. Oxford : Oxford University Press. Essai 11.

Davidson, Donald (1983) : « A coherence theory of truth and knowledge ». In : D. Henrich (dir.) : *Kant oder Hegel ?* Stuttgart : Klett-Cotta. Pp. 423–438. Réimprimé dans E. LePore (dir.) (1986) : *Truth and interpretation. Perspectives on the philosophy of Donald Davidson*. Oxford : Blackwell. Pp. 307–319.

Davidson, Donald (1984) : *Inquiries into truth and interpretation*. Oxford : Oxford University Press.

Davidson, Donald (1987) : « Knowing one's own mind ». *Proceedings and Addresses of the American Philosophical Association* 60, pp. 441–458. Réimprimé dans Donald Davidson (2001) : *Subjective, intersubjective, objective. Philosophical essays volume 3*. Oxford : Oxford University Press. Pp. 15–38.

Davidson, Donald (1993a) : « Les événements mentaux ». In : D. Davidson (dir.) : *Actions et événements. Traduction par Pascal Engel*. Paris : PUF. Pp. 277–302.

Davidson, Donald (1993b) : *Enquêtes sur la vérité et l'interprétation. Traduction par Pascal Engel*. Nîmes : Jacqueline Chambon.

Davidson, Donald (1993c) : « Thinking causes ». In : J. Heil et A. Mele (dir.) : *Mental causation*. Oxford : Oxford University Press. Pp. 3–17.

Davidson, Donald (2002) : « Les événements mentaux. Traduction par Pascal Engel, revu par Dominique Boucher ». In : D. Fisette et P. Poirier (dir.) : *Philosophie de l'esprit. Psychologie du sens commun et sciences de l'esprit*. Paris : Vrin. Pp. 237–265.

Davies, Martin et Humphreys, Glyn W. (dir.) (1993) : *Consciousness : psychological and philosophical essays*. Oxford : Blackwell.

Dennett, Daniel C. (1984) : *Elbow room. The varieties of free will worth wanting*. Oxford : Oxford University Press.

Dennett, Daniel C. (1986) : *Brainstorms. Philosophical essays on mind and psychology*. Brighton : Harvester Press. Première édition 1978.

Dennett, Daniel C. (1987) : *The intentional stance*. Cambridge (Massachusetts) : MIT Press.

Dennett, Daniel C. (1990) : *La stratégie de l'interprète. Le sens commun et l'univers quotidien. Traduction par Pascal Engel*. Paris : Gallimard.

Dennett, Daniel C. (1991a) : *Consciousness explained*. London : Penguin.

Dennett, Daniel C. (1991b) : « Real patterns ». *Journal of Philosophy* 88, pp. 27–51.

Dennett, Daniel C. (1993) : *La conscience expliquée. Traduction par Pascal Engel.* Paris : Odile Jacob.

Dennett, Daniel C. (2002) : « De l'existence des patterns. Traduction par Dominique Boucher ». In : D. Fisette et P. Poirier (dir.) : *Philosophie de l'esprit. Psychologie du sens commun et sciences de l'esprit.* Paris : Vrin. Pp. 153–193.

Dokic, Jérôme (2000) : « Philosophie de l'esprit ». In : P. Engel (dir.) : *Précis de philosophie analytique.* Paris : PUF. Pp. 35–62.

Dretske, Fred I. (1989) : « Reasons and causes ». In : J. E. Tomberlin (dir.) : *Philosophical Perspectives 3 : Philosophy of mind and action theory.* Oxford : Blackwell. Pp. 1–15.

Dretske, Fred I. (1995) : *Naturalizing the mind.* Cambridge (Massachusetts) : MIT Press.

Eccles, John C. (1994) : *How the self controls its brain.* Berlin : Springer.

Engel, Pascal (1994) : *Introduction à la philosophie de l'esprit.* Paris : La Découverte.

Esfeld, Michael (2000) : « Is quantum indeterminism relevant to free will ? » *Philosophia Naturalis* 37, pp. 177–187.

Esfeld, Michael (2001) : *Holism in philosophy of mind and philosophy of physics.* Dordrecht : Kluwer.

Esfeld, Michael (2009a) : *Philosophie des sciences. Une introduction.* Lausanne : Presses polytechniques et universitaires romandes. Deuxième édition.

Esfeld, Michael (2009b) : « La théorie causale des propriétés ». *Klesis* 13, pp. 56–68.

Esfeld, Michael (2010) : « Causal overdetermination for Humeans ? ». *Metaphysica* 11, pp. 99–104.

Esfeld, Michael et Sachse, Christian (2011) : *Conservative reductionism.* New York : Routledge.

Feigl, Herbert (1958) : « The 'mental' and the 'physical' ». In : H. Feigl, M. Scriven et G. Maxwell (dir.) : *Concepts, theories, and the mind-body problem. Minnesota Studies in the philosophy of science. Volume 2.* Minneapolis : University of Minnesota Press. Pp. 370–497.

Ferber, Rafael (2003) : *Philosophische Grundbegriffe 2.* München : Beck.

Feyerabend, Paul K. (1963) : « Materialism and the mind-body problem ». *Review of Metaphysics* 17, pp. 49–66.

Fisette, Denis et Poirier, Pierre (2000) : *Philosophie de l'esprit. Etat des lieux.* Paris : Vrin.

Fisette, Denis et Poirier, Pierre (dir.) (2002) : *Philosophie de l'esprit. Psychologie du sens commun et sciences de l'esprit.* Paris : Vrin.

Fisette, Denis et Poirier, Pierre (dir.) (2003) : *Philosophie de l'esprit. Problèmes et perspectives.* Paris : Vrin.

Fodor, Jerry A. (1968) : *Psychological explanation.* New York : Random House.

Fodor, Jerry A. (1972) : *L'explication en psychologie : une introduction à la philosophie de la psychologie. Traduction par Yvonne et Georges Noizet.* Paris : Seghers.

Fodor, Jerry A. (1974) : « Special sciences (or : The disunity of science as a working hypothesis) ». *Synthese* 28, pp. 97–115. Réimprimé dans Ned Block (dir.) (1980) : *Readings in the philosophy of psychology. Volume 1.* Cambridge (Massachusetts) : Harvard University Press. Pp. 120–133.

Fodor, Jerry A. (1980) : « Les sciences particulières (l'absence d'unité de la science : une hypothèse de travail). Traduction par Pierre Jacob ». In : P. Jacob (dir.) : *De Vienne à Cambridge. L'héritage du positivisme logique.* Paris : Gallimard. Pp. 379–399.

Fodor, Jerry A. (1987) : *Psychosemantics. The problem of meaning in the philosophy of mind.* Cambridge (Massachusetts) : MIT Press.

Fodor, Jerry A. (1989) : « Making mind matter more ». *Philosophical Topics* 17, pp. 59–79.

Fodor, Jerry A. (1997) : « Special sciences : Still autonomous after all these years ». In : J. E. Tomberlin (dir.) : *Philosophical Perspectives 11 : Mind, causation, and world.* Oxford : Blackwell. Pp. 149–163.

Fodor, Jerry A. (2002) : « Pourquoi il doit y encore avoir un langage de la pensée. Traduction par Martin Montminy et Alain P. Bruneau ». In : D. Fisette et P. Poirier (dir.) : *Philosophie de l'esprit. Psychologie du sens commun et sciences de l'esprit.* Paris : Vrin. Pp. 307–339.

Fodor, Jerry A. et Lepore, Ernest (1992) : *Holism. A shopper's guide.* Oxford : Blackwell.

Foster, John (1991) : *The immaterial self. A defence of the Cartesian dualist conception of the mind.* London : Routledge.

Frankfurt, Harry G. (1969) : « Alternate possibilities and moral responsability ». *Journal of Philosophy* 66, pp. 829–839. Réimprimé dans Harry G. Frankfurt (1988) : *The importance of what we care about. Philosophical essays.* Cambridge : Cambridge University Press. Chapitre 1.

Frankfurt, Harry G. (1971) : « Freedom of the will and the concept of a person ». *Journal of Philosophy* 68, pp. 5–20. Réimprimé dans Harry G. Frankfurt (1988) : *The importance of what we care about. Philosophical essays.* Cambridge : Cambridge University Press. Chapitre 2.

Geach, Peter T. (1957) : *Mental acts.* London : Routledge.

Gillet, Carl (2006) : « Samuel Alexander's emergentism : or, higher causation for physicalists ». *Synthese* 153, pp. 261–296.

Guttenplan, Samuel H. (dir.) (1994) : *A companion to the philosophy of mind.* Oxford : Blackwell.

Hardin, Clyde L. (1987) : « Qualia and materialism : Closing the explanatory gap ». *Philosophy and Phenomenological Research* 48, pp. 281–298.

Hasker, William (1999) : *The emergent self.* Ithaca : Cornell University Press.

Haugeland, John (1998) : *Having thought. Essays in the metaphysics of mind.* Cambridge (Massachusetts) : Harvard University Press.

Heil, John (1998) : *Philosophy of mind. A contemporary introduction.* London : Routledge.

Heil, John (2003) : *From an ontological point of view.* Oxford : Oxford University Press.

Heil, John (dir.) (2004) : *Philosophy of mind. A guide and anthology.* Oxford : Oxford University Press.

Hempel, Carl Gustav (1935) : « L'analyse logique de la psychologie. Traduction de l'allemand par J. Haendler ». *Revue de Synthèse* 10, pp. 27–42.

Horgan, Terence (1984) : « Functionalism, qualia, and the inverted spectrum ». *Philosophy and Phenomenological Research* 44, pp. 453–469.

Horgan, Terence (1989) : « Mental quausation ». In : J. E. Tomberlin (dir.) : *Philosophical Perspectives 3 : Philosophy of mind and action theory.* Oxford : Blackwell. Pp. 47–76.

Horgan, Terence (1993) : « From supervenience to superduvervenience : Meeting the demands of a material world ». *Mind* 102, pp. 555–586.

Horgan, Terence (1997) : « Kim on mental causation and causal exclusion ». In : J. E. Tomberlin (dir.) : *Philosophical Perspectives 11 : Mind, causation, and world.* Oxford : Blackwell. Pp. 165–184.

Horgan, Terence et Tienson, John (2001) : « Deconstructing new wave materialism ». In : C. Gillet et B. Loewer (dir.) : *Physicalism and its discontents.* Cambridge : Cambridge University Press. Pp. 307–318.

Horgan, Terence et Woodward, James (1985) : « Folk psychology is here to stay ». *Philosophical Review* 94, pp. 197–226.

Hüttemann, Andreas (2003) : *What's wrong with microphysicalism ?* London : Routledge.

Huxley, Thomas Henry (1893) : « On the hypothesis that animals are automata, and its history ». In : T. H. Huxley (dir.) : *Collected essays. Volume 1 : Method and results.* London : Macmillan. Pp. 199–250.

Jackson, Frank (1982) : « Epiphenomenal qualia ». *Philosophical Quarterly* 32, p. 127–136. Réimprimé dans Frank Jackson (1998a) : *Mind, method and conditionals. Selected essays.* London : Routledge. Pp. 57–69.

Jackson, Frank (1986) : « What Mary didn't know ». *Journal of Philosophy* 83, pp. 291–295. Réimprimé dans Frank Jackson (1998a) : *Mind, method and conditionals. Selected essays.* London : Routledge. Pp. 70–75.

Jackson, Frank (1998a) : *Mind, method and conditionals. Selected essays.* London : Routledge.

Jackson, Frank (1998b) : *From metaphysics to ethics. A defence of conceptual analysis.* Oxford : Oxford University Press.

Jackson, Frank (dir.) (1998c) : *Consciousness.* Aldershot : Ashgate.

Jacob, Pierre (1997) : *What minds can do. Intentionality in a non-intentional world.* Cambridge : Cambridge University Press.

Jacob, Pierre (2004) : *L'intentionnalité. Problèmes de philosophie de l'esprit.* Paris : Odile Jacob.

Kane, Robert (1996) : *The significance of free will.* Oxford : Oxford University Press.

Kane, Robert (dir.) (2001) : *Free will.* Oxford : Blackwell.

Kane, Robert (dir.) (2002) : *The Oxford handbook of free will.* New York : Oxford University Press.

Kim, Jaegwon (1993a) : *Supervenience and mind : Selected philosophical essays.* Cambridge : Cambridge University Press.

Kim, Jaegwon (1993b) : « Can supervenience and 'non-strict' laws save anomalous monism ? » In : J. Heil et A. Mele (dir.) : *Mental causation.* Oxford : Oxford University Press. Pp. 19–26.

Kim, Jaegwon (1996) : *Philosophy of mind.* Boulder (Colorado) : Westview Press.

Kim, Jaegwon (1998) : *Mind in a physical world. An essay on the mind-body problem and mental causation.* Cambridge (Massachusetts) : MIT Press.

Kim, Jaegwon (1999) : « Making sense of emergence ». *Philosophical Studies* 95, pp. 3–36.

Kim, Jaegwon (2005) : *Physicalism, or something near enough*. Princeton : Princeton University Press.

Kim, Jaegwon (2006) : *L'esprit dans un monde physique. Essai sur le problème corps-esprit et la causalité mentale. Traduction par François Athané et Edouard Guinet*. Paris : Syllepse.

Kim, Jaegwon (2008a) : *Philosophie de l'esprit. Préface de Pascal Engel. Traduction par David Michel-Pajus, Mathieu Mulcey et Charles Théret sous la direction de Mathieu Mulcey*. Paris : Ithaque.

Kim, Jaegwon (2008b) : « Reduction and reductive explanation : is one possible without the other ? ». In : J. Hohwy et J. Kallestrup (dir.) : *Being reduced*. Oxford : Oxford University Press. Pp. 93–114.

Kripke, Saul A. (1982) : *Wittgenstein on rules and private language*. Oxford : Blackwell.

Kripke, Saul A. (1996) : *Règles et langage privé : introduction au paradoxe de Wittgenstein. Traduction par Thierry Marchaisse*. Paris : Seuil.

Laurence, Stephen et Margolis, Eric (2003) : « Concepts and conceptual analysis ». *Philosophy and Phenomenological Research* 67, pp. 253–282.

Levin, Janet (1987) : « Physicalism and the subjectivity of secondary qualities ». *Australasian Journal of Philosophy* 65, pp. 400–411.

Levine, Joseph (1983) : « Materialism and qualia : The explanatory gap ». *Pacific Philosophical Quarterly* 64, pp. 354–361.

Levine, Joseph (1993) : « On leaving out what it's like ». In : M. Davies et G. W. Humphreys (dir.) : *Consciousness. Psychological and philosophical essays*. Oxford : Blackwell. Pp. 121–136.

Levine, Joseph (1997) : « Recent work on consciousness ». *American Philosophical Quarterly* 34, pp. 379–404.

Levine, Joseph (2002) : « Experience and representation ». In : Q. Smith et A. Jokic (dir.) : *Consciousness. New philosophical perspectives*. Oxford : Oxford University Press. Pp. 57–76.

Levine, Joseph (2003) : « Omettre l'effet que cela fait. Traduction par Pierre Poirier ». In : D. Fisette et P. Poirier (dir.) : *Philosophie de l'esprit. Problèmes et perspectives*. Paris : Vrin. Pp. 195–221.

Lewis, David (1966) : « An argument for the identity theory ». *Journal of Philosophy* 63, pp. 17–25. Réimprimé dans David Lewis (1983) : *Philosophical papers. Volume 1*. Oxford : Oxford University Press. Pp. 99–107.

Lewis, David (1970) : « How to define theoretical terms ». *Journal of Philosophy* 67, pp. 427–446. Réimprimé dans David Lewis (1983) : *Philosophical papers. Volume 1*. Oxford : Oxford University Press. Pp. 78–95.

Lewis, David (1972) : « Psychophysical and theoretical identifications ». *Australasian Journal of Philosophy* 50, pp. 249–258. Réimprimé dans Ned Block (dir.) (1980) : *Readings in philosophy of psychology. Volume 1*. London : Methuen. Pp. 207–222.

Lewis, David (1980) : « Mad pain and Martian pain ». In : N. Block (dir.) : *Readings in the philosophy of psychology. Volume 1*. London : Methuen. Pp. 216–222. Réimprimé dans David Lewis (1983) : *Philosophical papers. Volume 1*. Oxford : Oxford University Press. Pp. 122–130.

Lewis, David (1990) : « What experience teaches ». In : W. G. Lycan (dir.) : *Mind and cognition. A reader*. Oxford : Blackwell. Pp. 499–519.

Lewis, David (1994) : « Lewis, David : Reduction of mind ». Dans S. H. Guttenplan (dir.) : *A companion to the philosophy of mind*. Oxford : Blackwell. Pp. 412–431.

Lewis, David (2002) : « Douleur de fou et douleur de Martien. Traduction par Dominique Boucher ». In : D. Fisette et P. Poirier (dir.) : *Philosophie de l'esprit. Psychologie du sens commun et sciences de l'esprit*. Paris : Vrin. Pp. 289–306.

Loar, Brian (1997) : « Phenomenal states ». In : N. Block, O. Flanagan et G. Güzeldere (dir.) : *The nature of consciousness*. Cambridge (Massachusetts) : MIT Press. Pp. 597–616.

Loewer, Barry (1996) : « Freedom from physics : Quantum mechanics and free will ». *Philosophical Topics* 24, pp. 92–113.

Loewer, Barry (2007) : « Mental causation, or something near enough ». In : B. P. McLaughlin et J. Cohen (dir.) : *Contemporary debates in philosophy of mind*. Oxford : Blackwell. Pp. 243–264.

Lowe, E. Jonathan (2000) : *An introduction to the philosophy of mind.* Cambridge : Cambridge University Press.

Marcus, Eric (2001) : « Mental causation : unnaturalized but not unnatural ». *Philosophy and Phenomenological Research* 63, pp. 57–83.

Martin, C. B. et Heil, John (1998) : « Rules and powers ». *Philosophical Perspectives* 12, pp. 283–312.

McLaughlin, Brian P. (1993) : « On Davidson's reponse to the charge of epiphenomenalism ». In : J. Heil et A. Mele (dir.) : *Mental causation.* Oxford : Oxford University Press. Pp. 27–40.

McLaughlin, Brian P. (2001) : « In defense of new wave materialism : A reponse to Horgan and Tienson ». In : C. Gillet et B. Loewer (dir.) : *Physicalism and its discontents.* Cambridge : Cambridge University Press. Pp. 319–330.

McLaughlin, Brian P. (2007) : « Mental causation and Shoemaker-realization ». *Erkenntnis* 67, pp. 149–172.

McLaughlin, Peter (1993) : « Descartes on mind–body interaction and the conservation of motion ». *Philosophical Review* 102, pp. 155–182.

Meixner, Uwe (2004) : *The two sides of being. A reassessment of psycho-physical dualism.* Paderborn : Mentis.

Mellor, D. Hugh (1995) : *The facts of causation.* London : Routledge.

Melnyk, Andrew (2001) : « Physicalism unfalsified : Chalmer's inconclusive conceivability argument ». In : C. Gillet et B. Loewer (dir.) : *Physicalism and its discontents.* Cambridge : Cambridge University Press. Pp. 331–349.

Metzinger, Thomas (dir.) (1995) : *Conscious experience.* Thorverton : Imprint Academic.

Millikan, Ruth Garrett (1984) : *Language, thought, and other biological categories.* Cambridge (Massachusetts) : MIT Press.

Millikan, Ruth Garrett (2004) : *The varieties of meaning. The Jean Nicod lectures.* Cambridge (Massachusetts) : MIT Press.

Mills, Eugene (1996) : « Interactionism and overdetermination ». *American Philosophical Quarterly* 33, pp. 105–117.

Nagel, Thomas (1974) : « What is it like to be a bat ? » *Philosophical Review* 83, pp. 435–450.

Nagel, Thomas (1979) : *Mortal questions*. Cambridge : Cambridge University Press.

Nagel, Thomas (1984) : *Questions mortelles. Traduction par Pascal Engel et Claudine Tiercelin*. Paris : PUF.

Nemirow, Laurence (1990) : « Physicalism and the cognitive role of acquaintance ». In : W. G. Lycan (dir.) : *Mind and cognition. A reader*. Oxford : Blackwell. Pp. 490–499.

Nida-Rümelin, Martine (1998) : « On belief about experiences. An epistemological distinction applied to the knowledge argument against physicalism ». *Philosophy and Phenomenological Research* 58, pp. 51–73.

Nida-Rümelin, Martine (2002) : « Erklärbare und nicht erklärbare Aspekte phänomenalen Erlebens ». In : M. Pauen et A. Stephan (dir.) : *Phänomenales Bewußtsein – Rückkehr zur Identitätstheorie ?* Paderborn : Mentis. Pp. 330–341.

Nida-Rümelin, Martine (2007) : « Grasping phenomenal properties ». In : T. Alter et S. Walter (dir.) : *Phenomenal concepts and phenomenal knowledge*. Oxford : Oxford University Press. Pp. 307–338.

Nimtz, Christian et Schütte, Michael (2003) : « On physicalism, physical properties, and panpsychism ». *Dialectica* 57, pp. 413–422.

Pacherie, Elisabeth (1993) : *Naturaliser l'intenntionalité. Essai de philosophie de la psychologie*. Paris : PUF.

Papineau, David (1993) : *Philosophical naturalism*. Oxford : Blackwell.

Papineau, David (2002) : *Thinking about consciousness*. Oxford : Oxford University Press.

Pauen, Michael (2001) : *Grundprobleme der Philosophie des Geistes*. Frankfurt (Main) : Fischer.

Pauen, Michael (2002) : « Invertierte Schmerzen. Funktionale Eigenschaften phänomenaler Zustände und das Erklärungslückenargument ». In : M. Pauen et A. Stephan (dir.) : *Phänomenales Bewußtsein – Rückkehr zur Identitätstheorie ?* Paderborn : Mentis. Pp. 266–296.

Pauen, Michael (2006) : « Feeling causes ». *Journal of Consciousness* 13, pp. 129–152.

Perry, John (2001) : *Knowledge, possibility, and consciousness.* Cambridge (Massachusetts) : MIT Press.

Pettit, Philip (1993) : *The common mind. An essay on psychology, society, and politics.* Oxford : Oxford University Press.

Pettit, Philip (2001) : *A theory of freedom. From the psychology to the politics of agency.* London : Polity Press.

Pettit, Philip (2002) : *Rules, reasons, and norms.* Oxford : Oxford University Press.

Pineda, David (2002) : « The causal exclusion puzzle ». *European Journal of Philosophy* 10, pp. 26–42.

Pinkas, Daniel (1995) : *La matérialité de l'esprit.* Paris : La Découverte.

Place, Ullin T. (1956) : « Is consciousness a brain process ? » *British Journal of Psychology* 47, pp. 44–50.

Poland, Jeffrey (1994) : *Physicalism. The philosophical foundations.* Oxford : Oxford University Press.

Popper, Karl R. et Eccles, John C. (1977) : *The self and its brain.* Berlin : Springer.

Putnam, Hilary (1973) : « Reductionism and the nature of psychology ». *Cognition* 2, pp. 131–146. Reimprimé dans John Haugeland (dir.) (1981) : *Mind design. Philosophy, psychology, artificial intelligence.* Cambridge (Massachusetts) : MIT Press. Pp. 205–219.

Putnam, Hilary (1975a) : « The meaning of 'meaning' ». In : K. Gunderson (dir.) : *Language, mind and knowledge.* Minneapolis : University of Minnesota Press. Pp. 131–193. Reimprimé dans H. Putnam (dir.) : *Mind, language and reality. Philosophical papers volume 2.* Cambridge : Cambridge University Press. Pp. 215–271.

Putnam, Hilary (1975b) : « The nature of mental states ». In : H. Putnam (dir.) : *Mind, language and reality. Philosophical papers volume 2.* Cambridge : Cambridge University Press. Pp. 429–440. Première publication comme « Psychological predicates » in W. H. Capitan and D. D. Merrill (dir.) (1967) : *Art, mind and religion.* Pittsburgh : University of Pittsburgh Press.

Putnam, Hilary (2002) : « La nature des états mentaux. Traduction par Jean-Michel Roy et Dominique Boucher ». In : D. Fisette et P. Poirier (dir.) : *Philosophie de l'esprit. Psychologie du sens commun et sciences de l'esprit.* Paris : Vrin. Pp. 269–287.

Putnam, Hilary (2003) : « La signification de 'signification'. Traduction partielle par Dominique Boucher ». In : D. Fisette et P. Poirier (dir.) : *Philosophie de l'esprit. Problèmes et perspectives.* Paris : Vrin. Pp. 41–82.

Quine, Willard Van Orman (1960) : *Word and object.* Cambridge (Massachusetts) : MIT Press.

Quine, Willard Van Orman (1977) : *Le mot et la chose. Traduction par Paul Gochet.* Paris : Flammarion.

Rey, Georges (1997) : *Contemporary philosophy of mind. A contentiously classical approach.* Oxford : Blackwell.

Rorty, Richard (1965) : « Mind-body identity, privacy, and categories ». *Review of Metaphysics* 19, pp. 24–54.

Rorty, Richard (1980) : *Philosophy and the mirror of nature.* Oxford : Blackwell.

Rorty, Richard (1990) : *L'homme spéculaire. Traduction par Thierry Marchaisse.* Paris : Seuil.

Rosenthal, David M. (dir.) (1991) : *The nature of mind.* Oxford : Oxford University Press.

Rozemond, Marleen (1998) : *Descartes's dualism.* Cambridge (Massachusetts) : Harvard University Press.

Russell, Bertrand (1912) : *The problems of philosophy.* London : Oxford University Press.

Russell, Bertrand (1989) : *Problèmes de philosophie. Traduction par François Rivenc.* Paris : Payot.

Ryle, Gilbert (1949) : *The concept of mind.* London : Hutchinson.

Ryle, Gilbert (1978) : *La notion d'esprit. Pour une critique des concepts mentaux. Traduction par S. Stern Gillet.* Paris : Payot.

Schröder, Jürgen (2003) : « Mental causation : The supervenience argument and the proportionality constraint ». In : S. Maasen, W.

Prinz et G. Roth (dir.) : *Voluntary action : An issue at the interface of nature and culture*. Oxford : Oxford University Press. Pp. 172–187.

Schröder, Jürgen (2004) : *Einführung in die Philosophie des Geistes*. Frankfurt (Main) : Suhrkamp.

Searle, John R. (1980) : « Minds, brains, and programs ». *Behavioral and Brain Sciences* 3, pp. 417–424, 450–457.

Searle, John R. (1992) : *The rediscovery of the mind*. Cambridge (Massachusetts) : MIT Press.

Searle, John R. (1995) : *La redécouverte de l'esprit. Traduction par Claudine Tiercelin*. Paris : Gallimard.

Searle, John R. (1999) : *Le mystère de la conscience ; suivi d'échanges avec Daniel C. Dennett et David J. Chalmers. Traduction par Claudine Tiercelin*. Paris : Odile Jacob.

Sellars, Wilfrid (1956) : « Empiricism and the philosophy of mind ». In : H. Feigl et M. Scriven (dir.) : *The foundations of science and the concepts of psychology and psychoanalysis. Minnesota Studies in the philosophy of science. Volume 1*. Minneapolis : University of Minnesota Press. Pp. 253–329.

Sellars, Wilfrid (1992) : *Empirisme et philosophie de l'esprit. Traduction par Fabien Cayla*. Paris : L'Eclat.

Shoemaker, Sydney (1975) : « Functionalism and qualia ». *Philosophical Studies* 27, pp. 291–315. Réimprimé dans Sydney Shoemaker (1984) : *Identity, cause, and mind. Philosophical essays*. Cambridge : Cambridge University Press. Pp. 184–205.

Shoemaker, Sydney (1981) : « Some varieties of functionalism ». *Philosophical Topics* 12, pp. 83–118. Réimprimé dans Sydney Shoemaker (1984) : *Identity, cause, and mind. Philosophical essays*. Cambridge : Cambridge University Press. Pp. 261–286.

Shoemaker, Sydney (1982) : « The inverted spectrum ». *Journal of Philosophy* 79, pp. 357–381. Réimprimé dans Sydney Shoemaker (1984) : *Identity, cause, and mind. Philosophical essays*. Cambridge : Cambridge University Press. Pp. 327–357.

Shoemaker, Sydney (2007) : *Physical realization*. Oxford : Oxford University Press.

Smart, J. J. C. (1959) : « Sensations and brain processes ». *Philosophical Review* 58, pp. 141–156.

Smith, Michael (1994) : *The moral problem*. Oxford : Blackwell.

Smith, Quentin et Jokic, Aleksandar (dir.) (2002) : *Consciousness. New philosophical perspectives*. Oxford : Oxford University Press.

Smolensky, Paul (1988) : « On the proper treatment of connectionism ». *Behavioral and Brain Sciences* 11, pp. 1–23.

Smolensky, Paul (2003) : « Le traitement approprié du connexionnisme. Traduction par Serge Robert et Geneviève Choquette ». In : D. Fisette et P. Poirier (dir.) : *Philosophie de l'esprit. Problèmes et perspectives*. Paris : Vrin. Pp. 223–268.

Soom, Patrice, Sachse, Christian et Esfeld, Michael (2010) : « Psychoneural reduction through functional sub-types ». *Journal of Consciousness Studies* 17, pp. 7–26.

Sosa, Ernest (1993) : « Davidson's thinking causes ». In : J. Heil et A. Mele (dir.) : *Mental causation*. Oxford : Oxford University Press. Pp. 41–50.

Swinburne, Richard (1986) : *The evolution of the soul*. Oxford : Oxford University Press.

Tye, Michael (1995) : *Ten problems of consciousness*. Cambridge (Massachusetts) : MIT Press.

van Gulick, Robert (1993) : « Who's in charge here ? And who's doing all the work ? » In : J. Heil et A. Mele (dir.) : *Mental causation*. Oxford : Oxford University Press. Pp. 233–256.

van Inwagen, Peter (1983) : *An essay on free will*. Oxford : Oxford University Press.

van Inwagen, Peter (2000) : « Free will remains a mystery ». In : J. E. Tomberlin (dir.) : *Philosophical Perspectives 14 : Action and freedom*. Oxford : Blackwell. Pp. 1–19. Réimprimé dans Robert Kane (dir.) (2002) : *The Oxford handbook of free will*. Oxford : Oxford University Press. Pp. 158–177.

Walde, Bettina (2002) : *Metaphysik des Bewußtseins*. Paderborn : Mentis.

Wittgenstein, Ludwig (1953) : *Philosophische Untersuchungen. Hgg. G.E.M. Anscombe, G.H. von Wright, Rush Rhees. In : Ludwig Wittgenstein. Werkausgabe in 8 Bänden. Band 1*. Frankfurt (Main) : Suhrkamp 1984.

Wittgenstein, Ludwig (1961) : *Tractatus logico-philosophicus. Investigations philosophiques*. Paris : Gallimard.

Wright, Larry (1973) : « Functions ». *Philosophical Review* 82, pp. 139–168.

Yablo, Stephen (1990) : « The real distinction between mind and body ». *Canadian Journal of Philosophy. Supplementary Volume* 16, pp. 149–201.

Yablo, Stephen (1992) : « Mental causation ». *Philosophical Review* 101, pp. 245–280.

INDEX DES NOMS ET DES SUJETS

A

Abrahamsen, A. 74
antiréductionnisme . 85, 94, 166
argument du fossé dans l'explication 128, 129, 131–133
argument du savoir . . . 109, 110, 113, 118–121, 123
autonomie 102
Averill 29, 31

B

Baertschi, B. 25
Baker, L. 162, 164
Balog, K. 124, 132
Bechtel, W. 74
Beckermann, A. . 19, 23, 24, 31, 92
behaviourisme . . 55–61, 65–67, 69, 71, 78
Bennett, K. 37, 40
Bickle, J. 61, 62
Bieri, P. . 17, 19, 36, 39, 40, 103
Birnbacher, D. 36
Block, N. . . . 19, 77, 82, 92, 96, 112, 113, 118, 119, 138, 141, 147
Bouveresse, J. 142
Braddon-Mitchell, D. . . . 19, 77, 118
Brandom, R. 144, 146, 147
Brentano, F. 9, 118

C

causalité mentale 5, 15–17, 26, 27, 29, 31, 33, 35–43, 49–53, 62, 81, 82, 86, 94–97, 101, 105, 118, 149, 153, 158, 162, 164, 165, 167, 179
Chalmers, D. 45, 52, 92, 95, 96, 113, 118, 119, 124, 126, 127, 132, 137, 146, 169
chambre chinoise 76–79
charité, principe de 155
Child, W. 143, 147
Chisholm, R. 59, 100, 106
Churchland, Patricia 159
Churchland, Paul 114, 121, 159–164
compatibilisme 97, 99, 101, 103–107
computationnalisme 73–74
connexionnisme 74, 78
contenu conceptuel 5, 9, 23, 73, 75–77, 94, 109, 118, 135, 136, 138, 139, 141–147, 149–156, 161, 162, 167
Corbi, J. 152
Crane, T. 19, 117

D

Darwin, C. 44
Davidson, D. . . . 141, 143, 146, 147, 149–151, 153–157, 163, 164
Dennett, D. 77, 79, 103, 113, 149, 157–160, 163, 164

Descartes, R. . 5, 21–28, 30, 31, 33, 43, 50, 53, 123
dispositions . . . 55–57, 60, 139, 149, 150, 152, 162, 167
Dretske, F. 117, 121, 154
dualisme
    dualisme des propriétés . 26, 34, 116
    dualisme des substances . 21, 24–26, 29–31, 34, 50, 58
    dualisme interactionniste 21, 26–31, 33, 35, 37, 38, 45, 49, 62, 101, 105, 119
    dualisme sans interaction 33, 38

E
Eccles, J. 26, 27, 31
Engel, P. 17, 19, 157, 159
épiphénomène . 36, 39, 82, 111, 118, 130, 152, 163
épiphénoménisme . . 35–41, 46, 49, 62, 154
erreur de catégorie . . 24, 25, 30, 31, 58
Esfeld, M. . 3, 4, 28, 31, 38, 40, 91, 95, 96, 128, 133, 144, 147
état, définition 10
événement, physique ou mental (Davidson) 153–156
expérience vécue 5, 9, 34, 43, 51, 94, 109–114, 117–120, 123, 128, 152, 166
externalisme
    physique . 135, 145, 146, 167
    social 135, 139

F
Feigl, H. 60, 67
Ferber, R. 35
Feyerabend, P. 159
Fisette, D. 19, 157, 159
Fodor, J. 41, 63, 66, 67, 69, 73, 74, 78, 79, 85, 86, 96, 112, 113, 138, 141, 147, 160, 164
fonctionnalisme
    fonctionnalisme biologique 74, 76–78
    fonctionnalisme des rôles causaux 77, 83, 145, 150, 157, 162, 163
    fonctionnalisme social . . 145
Foster, J. 24
Frankfurt, H. 102–107

G
Geach, P. 59

H
Hüttemann, A. 130, 133
Hardin, C. 127, 132
Hasker, W. 100, 106
Haugeland, J. 144, 146, 147
Heil, J. 19, 86, 96, 128, 133, 152
Hempel, C. 58, 59, 66, 67
Hobbes, T. 50, 53
holisme
    sémantique . . 135, 139–141, 145–147, 150, 155, 167
    social . . . 135, 141, 145–147, 149, 151–153, 162, 163, 167

homme des marais... 149–152, 164
Horgan, T. 48, 52, 82, 117, 121, 127, 132, 154, 160, 164
Huxley, T. 36, 39, 40

I

identité psychophysique ... 41, 49–53, 55, 56, 60–65, 100, 101, 105, 153, 154, 156, 157
instrumentalisme 149, 157, 167
intension
    secondaire ... 135, 137, 138, 145, 146, 167
    primaire 135–139, 145, 146, 150, 167
intentionnalité, état intentionnel 8, 9, 11, 12, 19, 34, 42, 43, 51, 57, 60, 63, 73, 76, 77, 79, 117, 118, 121, 135, 136, 138, 141, 143–145, 149–153, 155–159, 161–164, 167

J

Jackson, F. 10, 19, 45, 52, 77, 92, 95, 96, 110, 111, 113, 114, 116, 118–121, 152
Jacob, P. ... 19, 73, 75, 152, 164

K

Kane, R. 100, 106, 107
Kant, E. 100
Keating, B. 29, 31
Kim, J. ... 19, 48, 51–53, 86–89, 96, 154, 164
Kripke, S. ... 142, 145, 147, 152

L

Laurence, S. 92, 93, 96
Leibniz, G. W. 27, 33, 34, 39, 40
Lepore, E. 141
Levin, J. 127, 132
Levine, J. .. 86, 94, 96, 118, 125, 128, 129, 131, 133
Lewis, D. 69, 71, 78, 79, 86–88, 95, 96, 112, 114
liberté
    d'action.... 97, 98, 105, 106
    de la volonté, libre arbitre 94, 97–107, 153
libertarianisme 97–101, 105–107
Loar, B. 116, 121
Locke, J. 112
Loewer, B. 28, 31, 37, 39, 40

M

Marcus, E. 37, 40
Margolis, E. 92, 93, 96
Martin, C. B. 152
matérialisme . 51, 157, 159, 163
    matérialisme éliminatif .. 92, 149, 159–164, 166, 167
McLaughlin, B. ... 82, 117, 121, 154, 164
McLaughlin, P. 27
Meixner, U. 24
Mellor, D. H. 37
Melnyk, A. 124, 132
Millikan, R. G. 75, 78, 79
Mills, E. 37, 40
mondes possibles .. 44, 47, 48, 56, 124, 151

monisme anomal 153, 154, 163, 164

N

Nagel, T. 8, 35, 39, 109, 110, 120, 121
Nemirow, L. 114, 119, 121
Newton, I. 15
Nida-Rümelin, M. ... 116, 121, 127, 132
Nimtz, C. 10
normativité 142

O

occurrence, définition 10

P

Pacherie, E. 69
panpsychisme 34–36, 39
Papineau, D. 10, 15, 20, 31, 51–53, 75, 79, 116, 118, 119, 121, 127, 132
parallélisme . 33–41, 43, 45, 46, 49, 62
Pauen, M. ... 19, 126, 131–133
Perry, J. 116
Pettit, P. ... 103, 105, 107, 144, 147, 151
physicalisme 51, 84, 86, 94, 95, 120, 165, 166
   a posteriori . 92–94, 96, 124, 166
   a priori 92–96, 124, 166
   sémantique 55, 56, 59, 65, 66
Pineda, D. 82
Pinkas, D. 19
Place, U. 60, 67
Poirier, P. 19, 157, 159

Poland, J. 82
Popper, K. 26
Prades, J. 152
propriété 10, 22, 25, 26, 29, 36, 50, 62, 64, 72, 83, 85, 87, 111, 116, 117, 120, 124, 128–133, 140, 153, 154, 156, 158, 166
Putnam, H. 69, 71, 72, 78, 79, 85, 86, 135–138, 145, 146, 167

Q

qualia 8, 11, 12, 19, 42, 109, 113, 117, 123–125, 133, 152, 166
   absents . 111–113, 119, 120, 123–126, 128, 129, 131, 132
   inversés . 111–113, 119, 120, 123–126, 128, 131, 132
Quine, W. V. O. 160

R

révocabilité, principe de... 155, 156
réalisations multiples .. 66, 71, 81, 82, 84, 87, 88, 90
réduction conservative .. 89, 92, 166
réduction locale 88, 89, 95
réduction, réductionnisme .. 62, 85–92, 94–96, 160, 165, 166
rôle causal 38, 70, 71, 75, 77, 81, 83, 87–89, 92, 130, 139, 150, 152, 165–167

rôle inférentiel . . 136–141, 145, 150–152, 167
règles, problème de suivre des règles . . . 141, 142, 145–147, 152
rationalité, principe de 155
responsabilité 103–107
Rey, G. 19, 73
Rorty, R. 159, 162, 164
Rozemond, M. 23, 31
Russell, B. 114, 115
Ryle, G. 24, 25, 30, 31, 58

S

Sachse, C. . 91, 95, 96, 128, 133
Schütte, M. 10
Schröder, J. 19, 82
Searle, J. 76–79
Sellars, W. 115, 140, 141, 145–147
Shoemaker, S. . . 73, 82, 88, 125, 127, 132
Skinner, B. 55
Smart, J. 60, 66, 67, 117
Smith, M. 119, 126
Smolensky, P. 74
solipsisme méthodologique . 24
Soom, P. 6, 91, 95, 96
Sosa, E. 154, 164
sous-types fonctionnels . 90, 91, 94–96
Spinoza, B. 33, 34, 39, 40
Stalnaker, R. 92, 96
Stauffer, D. 41
survenance
    forte 48, 52
    globale 47, 52, 111
    faible 47, 48, 52
    forte 47
    locale 47, 48, 51, 52
Swinburne, R. 24

T

Terre-jumelle 135–137
Tienson, J. 117, 121
Tye, M. 117, 119, 121

V

van Gulick, R. 152, 164
van Inwagen, P. 99, 106

W

Walde, B. 124, 132
Watson, J. 55
Wittgenstein, L. . . 57, 58, 66, 67, 117, 141, 142, 145, 147
Woodward, J. 160, 164
Wright, L. 75, 79

Y

Yablo, S. 24, 31, 82

Z

zombis 112, 114, 124, 125, 130, 131

www.ingramcontent.com/pod-product-compliance
Lightning Source LLC
Chambersburg PA
CBHW081837170426
43199CB00017B/2753